AF545781

Michael Miersch

Einmal Freiheit und zurück

Michael Miersch (Jahrgang 1956) ist Journalist, Buch- und Filmautor. Er arbeitete u.a. bei der *taz, Cicero*, der *Welt*, dem *Focus* und veröffentlichte in zahlreichen europäischen Zeitschriften meist zu Themen aus Wissenschaft und Gesellschaft, Natur und Umwelt. Einige seiner Bücher wurden Bestseller, vielfach übersetzt und mit Preisen bedacht. Er betreibt den Blog www.miersch.media

Edition
TIAMAT
Deutsche Erstveröffentlichung
Herausgeber:
Klaus Bittermann
1. Auflage: Berlin 2023

www.edition-tiamat.de
Druck: cpi books
Buchcovergestaltung: istprodukt Claudia Bernhardt
ISBN: 978-3-89320-304-8

Michael Miersch

Einmal Freiheit und zurück

Mein schönes Leben zwischen Kaltem Krieg und Klimakatastrophe

Critica Diabolis 320

Edition TIAMAT

»Nichts ist ewig, weder in der Natur noch im
Menschenleben, ewig ist nur der Wechsel,
die Veränderung.«

August Bebel

»Mein Leben war voller schrecklicher Unglücke,
von denen die meisten nie eingetreten sind.«

Michel de Montaigne

»Niemand, der die 1950er-Jahre durchlebt hat, hätte
sich vorstellen können, dass es so etwas wie
die 1960er-Jahre geben könnte.
Folglich gibt es immer Hoffnung.«

Tuli Kupferberg

»Erwartet euch nicht zu viel vom Weltuntergang.«

Stanisław Jerzy Lec

Inhalt

1

Wie alles anders wurde

Liebe Amelie, lieber Moritz,

dieses Buch versammelt Briefe, die ich in den Jahren 2022 und 2023 an euch geschrieben habe – jedoch nicht abgeschickt. Ich versuche darin zu beschreiben, wie sich der Zeitgeist und das Lebensgefühl zwischen meinem Gestern und eurem Heute verändert hat. Ihr seid im gleichen Land aufgewachsen wie ich, aber in einer anderen Welt. Es sind Briefe über die Umwälzung nahezu aller Bereiche des Lebens. Ein bisschen persönlich, aber nicht sehr. Denn mich interessiert das Gemeinsame meiner und eurer Generation. Von den Abenteuern, Desastern, Enttäuschungen und Glücksmomenten meines Lebens erzähle ich, wenn wir bei Bier oder Wein zusammensitzen – das kennt ihr ja. In diesen Briefen soll es nicht um biographische Zufälligkeiten gehen, sondern um die gesellschaftlichen Veränderungen, denen wir unterworfen sind und die wir gleichzeitig mitgestalten.

Ihr gehört zu der Alterskohorte, die »Millennials« oder auch »Generation Y« genannt wird, ich zu den »Babyboomern«. So wie ich staune, wenn ich von Menschen früherer Jahrhunderte lese, wie sie dachten und fühlten, wie sie die Welt betrachteten, was sie für bedeutsam und was sie für nebensächlich hielten, so möchte ich euch vermitteln, welche Denkweisen und welches Lebensgefühl mich und viele meiner Genration in der zweiten Hälfte des 20. Jahrhunderts prägten. Es ist beim Zurückblicken nicht immer einfach, Bedeutendes und nachhaltig Wirkendes zwischen den vielen folgenlosen Hypes und flüchtigen Moden zu identifizieren. Was war über den Tag hinaus wichtig? Was war vielleicht nur für mich besonders wichtig?

Ich wurde 1956 geboren, in einem Jahr voller folgenreicher historischer Ereignisse. Auf dem 20. Parteitag der KPdSU sprach der neue Parteichef Nikita Chruschtschow erstmals über die Verbrechen Stalins und legte sie teilweise offen. Die Zeit des staatlichen Massenmordens in der UdSSR war damit vorüber. Die Ungarn erhoben sich gegen die sowjetischen Besatzer und wurden blutig niedergeschlagen. Auf Kuba zettelte Fidel Castro eine Revolution an. Der Algerienkrieg erschütterte Frankreich. In Westdeutschland wurde die Wehrpflicht eingeführt und die KPD verboten. Die erste *Bild*-Zeitung erschien und das Fernsehen sendete erstmals einen Werbespot (für Persil). Dies ist nur eine winzige Auswahl aus den zahlreichen Marksteinen jenes Jahres. Ein Ereignis möchte ich hervorheben. Bei einem Auftritt am 5. Juni 1956 sang Elvis Presley »Hound Dog« und bewegte dabei sein Becken, was die jungen Fans begeisterte. Es folgte ein Sturm der Entrüstung in den Medien. Kirchenvertreter und Elternorganisationen verdammten diesen Hüftschwung als Sittenverfall und den Sänger als Verderber der Jugend. Der Aufruhr um den Hüftschwung war eines der ersten Signale, die den kulturellen Wandel ankündigten, in den ich hineingeboren wurde: eine Lockerungsübung, auf die viele weitere folgten.

Seit ein paar Jahren habe ich den Eindruck, dass die damals aufkommende gesellschaftliche Entspannung in vielen Bereichen rückgängig gemacht wird. Es gibt wieder mehr Tabus, die Etikette wird strikter, die Sitten werden rigider, vieles soll nicht mehr gesagt werden dürfen, und viele fühlen sich ständig beleidigt. Bei jeder Gelegenheit wird nach Verzicht und Einschränkung gerufen. Schließt sich da ein Kreis? Sind die verbotsverliebten Anstandstanten und Saubermänner von einst als hippe Neospießer auferstanden? Wie ein Symbol der gesellschaftlichen Regression kam in den 2010er-Jahren ein Männerhaarschnitt in Mode, der 50 Jahre zuvor die Frisur der Langweiler war: heute Undercut genannt, damals Fassonschnitt.

Beim Kopfschütteln über diese Wiederkehr der verlogenen Nachkriegs-Biederkeit sollte man jedoch nicht vergessen, dass es Unterschiede gibt zu den 1950er- und frühen 1960er-Jahren. Damals hatten die Kirchen – insbesondere die katholische – die moralische Lufthoheit. Der Kampf gegen selbstständiges Denken und Lebenslust wurde von oben geführt, von alten Männern, die überall Verfall, Sittenlosigkeit und Anarchie witterten. Die neuen Tabuwächter kommen zum Großteil aus dem Kulturbetrieb und den Geisteswissenschaften, ihre Truppen rekrutieren sie aus der akademischen Jugend. Sie versuchen ein allumfassendes gesellschaftliches Regelwerk zu etablieren, das alle rauen Seiten menschlichen Miteinanders ausschließt. Niemand solle mehr etwas sagen oder tun, das bei einem anderen ein schlechtes Gefühl auslösen könnte. Sie meinen es gut.

Meine Auswahl der Wandlungsprozesse kann nur subjektiv sein und ist stark beeinflusst durch meinen Lebenslauf. Das Wirtschaftswunderglück einer stinknormalen kleinbürgerlichen Familie prägte meine Kindheit, die hedonistische, links-antiautoritäre Szene Frankfurts meine Jugend. Als junger Erwachsener begeisterte ich mich für die entstehende grüne Bewegung, die sich bald zu einer Partei mauserte. Mein journalistisches Berufsleben fokussierte sich auf die Themenfelder Wissenschaft und Gesellschaft, Umwelt und Natur. Selbstverständlich prägte dieser spezielle Werdegang meine Sichtweise. Dennoch ist vieles an meiner Wahrnehmung typisch für meine Generation und wurde von anderen ähnlich empfunden. Ihr sollt euch durch diese Briefe animiert fühlen, eure Gegenwart mit meiner entschwundenen Vergangenheit zu vergleichen – und ein Gefühl dafür bekommen, wie schnell die Welt sich wandelt, das Neue zum Normalen und die Minderheit zur Mehrheit wird.

Das Besondere an der eigenen Gegenwart zu erkennen ist furchtbar schwer. Weil man mittendrin steckt und nicht weiß, wie sich die aktuellen Trends in der Zukunft auswirken werden. Zwischen schnellem Verpuffen und einer Zeitenwende ist immer alles drin. Wie stark das Leben sich auch in ruhigen Zeiten verändert, merkt man meist erst in der Rückschau.

Alt sein hat auch Vorteile. Einer davon ist die Erkenntnis, dass sich die Gesellschaft schneller wandelt, als man es in jungen Jahren für möglich hielt. Mit zwölf erschien mir die Welt der Erwachsenen verstaubt, erstarrt, selbstzufrieden. Kanzler Kiesinger ein alter Exnazi, die Lehrer Kriegsversehrte, überall gelbe Verbotsschilder und Hausmeistergesinnung. Nichts bewegte sich. Nur eine Revolution konnte dieses Gefängnis aus Schweigen, Konventionen und Langeweile sprengen.

Pünktlich zu meiner Pubertät kam die Revolution. Glücklicherweise war es keine wirkliche Revolution. Sondern lediglich ein kultureller Tumult, der die Jugend in den Industrieländern erfasst hatte. Neue Musikstile, Drogen, Aufbegehren gegen sexuelle Tabus, extravagante Kleider- und Haarmoden und die Lust an Regelverstößen erschreckten die Kriegsgeneration, die in Ruhe ihren gerade erst erworbenen Wohlstand genießen wollte. Eltern und

Lehrer waren entsetzt und verwechselten das Geschehen ebenfalls mit einer Revolution. Manche reagierten aggressiv, was uns das Gefühl gab, bedeutend zu sein.

Doch auch ohne Revolution veränderte sich das vermeintlich erstarrte Westdeutschland. Kaum etwas blieb so, wie es war. Sprache, Sexualität, Ernährung, Arbeit, Konsum, Alltagskultur und Religiosität wandelten sich gründlich. Eltern und Kinder, Frauen und Männer, Mehrheiten und Minderheiten, Einheimische und Migranten, Bürger und Behörden gehen im 21. Jahrhundert völlig anders miteinander um als damals. Auch die Älteren gewöhnten sich an das Neue. Es wurde normal. Vieles, was heute ganz selbstverständlich zum Alltag gehört, war Mitte des 20. Jahrhunderts undenkbar. Orte wie Dar-es-Salam oder Kuala Lumpur lagen für meine Oma Klara im Reich der Fantasie. Weiter weg als der Mond, den man ja immerhin sehen konnte. Heute gehören die beiden Städte zum Standardangebot der Reiseportale im Internet.

Ich schreibe diese Briefe in einer Zeit radikalen Wandels. In den Jahren 2020 bis 2023 wurde vieles erschüttert, was lange Zeit als sicher galt: globale Covid-19-Pandemie, Putins Krieg gegen die Ukraine, der Sieg der Islamisten in Afghanistan, die heftigste Inflation seit 70 Jahren. Die ökonomische Globalisierung, die jahrzehntelang weltweit Wohlstand brachte, wird rückgängig gemacht. Staaten schotten sich wieder ab und setzen vermehrt auf Binnenwirtschaft. Häufig liest man jetzt das Wort »Zeitenwende«. Für meine Generation ist das ziemlich viel auf einmal. Zwar erwarteten wir ständig Katastrophen – hatten uns aber still und heimlich daran gewöhnt, dass sie nie eintrafen.

Doch auch in den langen ruhigen Zeiten (die zumindest in Westeuropa als ruhig empfunden wurden) blieb kaum etwas, wie es war. Vermutlich ähnelte das Deutschland meines Geburtsjahres mehr der Vorkriegszeit als dem Deutschland des 21. Jahrhunderts. Man erinnert sich an den gesellschaftlichen Wandel, wenn die Kinder Fragen stellen. Ich musste euch einmal erklären, was ein »uneheliches Kind« ist, ein Begriff, den ihr in einem Film aufgeschnappt hattet. Während ich es erläuterte, wurde mir klar, dass das Konzept »unehelich« für euch und eure Altersgenossinnen keinen Sinn mehr ergibt. Einst geläufige Bezeichnungen sozialer Distinktion wie »Mischehe« oder »Fräulein« sind für euch so exotisch wie die Stammesriten der Kelten.

Große Literaten haben den Geist ihrer Zeit für spätere Generationen sichtbar gemacht, indem sie beschrieben, wie dieser ihr persönliches Leben prägte – auch dann, wenn sie gegen ihn standen. Montaignes »Essays«, Zweigs »Die Welt von gestern«, Manès Sperbers Autobiographie »All das Vergangene« oder dem »Nachruf«, den Ludwig Marcuse auf sich selbst verfasste, gelingt es, das Denken und Fühlen vergangener Epochen lebendig werden zu lassen. Wissenschaftler wie der Soziologe Andreas Reckwitz und der Historiker Philipp Sarasin haben den fundamentalen gesellschaftlichen Umbruch zwischen der kollektivistischen Moderne des 20. Jahrhunderts und den individuellen Lebenswelten des 21. analysiert. Ich bin weder Literat noch Wissenschaftler, sondern ein journalistisch geschulter Beobachter, der versucht, die Welt, die ihn umgibt, so gut er kann zu verstehen. Sollte es mir gelingen, euch Kultur, Mode, Werte, Denkmuster, Sitten, Symbole und Ängste meiner Vergangenheit ein bisschen verständlicher zu machen, hätten diese Briefe ihren Sinn erfüllt.

Die Generation der Babyboomer, zu der ich gehöre, umfasst die zwischen Mitte der 1950er-Jahre und Mitte der

1960er-Jahre Geborenen. Die erste Generation von (West-)Deutschen, die Frieden, Freiheit und Wohlstand als Dauerzustand kennenlernte. Unsere Lebenszeit fiel in die glücklichste Epoche der deutschen Geschichte. Gerade jetzt, während ein furchtbarer Krieg in Europa geführt wird, in einem nicht weit entfernten Land, das im Zweiten Weltkrieg von Deutschen zerstört wurde, bemerken viele, wie friedlich ihr Leben verlief. Unsere Eltern und Großeltern hatten das 20. Jahrhundert von einer ganz anderen Seite erlebt: die meisten der Väter als besiegte Soldaten, manche Mütter in Bombenkellern oder auf der Flucht. Die meisten aus der Elterngeneration waren überzeugte oder opportunistische Anhänger Hitlers. Es gab auch – wenige – andere, die den Nationalsozialismus in Konzentrationslagern oder Verstecken überlebt hatten. Wovon die Mehrheit der Deutschen danach nichts hören wollte. Darüber geredet wurde kaum, in vielen Familien nie. Der Krieg, die Lager, die Todesfabriken, die Vertreibungen waren als dunkler Hintergrund präsent, der für uns Kinder nebelhaft blieb. Dass ich in einer völlig anderen Welt lebte als meine Eltern und Großeltern, spürte ich schon als Kind – und auch, dass meine Welt eine glücklichere war. Der Krieg und der Völkermord an den europäischen Juden waren der große Graben zwischen den Alten und den Jungen.

Frage ich meine Altersgenossen, was sich in unserem Leben gewandelt hat, antworten viele: Digitalisierung. Wie sehr Computer und Internet vieles veränderten, ist den meisten bewusst. Dass fürs Musikhören physische Tonträger überflüssig wurden und das Smartphone als multifunktionales Hilfsmittel zum Alltag gehört, sind Smalltalk-Themen der Alten. Ganz anders verhält es sich bei den sozialen und kulturellen Veränderungen, die sich teilweise aus den neuen technischen Möglichkeiten ergaben, aber auch unabhängig davon stattfanden. Da muss ich meistens gezielt nachbohren, um sie ins Bewusstsein zu rufen. Die Nicht-Wahrnehmung gesellschaftlichen Wandels gleicht der Nicht-Wahrnehmung schleichender Veränderungen im Privaten. Eines Tages wird dir klar, dass deine Ehe zerrüttet ist. Aber seit wann genau ist sie das? Wie ist es eigentlich dazu gekommen? Und warum hast du es nicht früher gemerkt? Wandel verläuft selten so deutlich und begleitet von bedeutungsschweren Dialogen wie im Film. Oftmals gibt es nicht das *eine* Ereignis, durch das alles plötzlich anders wird, sondern viele kleine Episoden, die ganz nebenbei passieren. Diese Briefe sind ein Versuch, diesen vielen kleinen Veränderungen nachzuspüren, um den großen und oftmals unterschätzten Wandel für euch sichtbarer zu machen. Wir sehen ihn meist nicht, weil wir selbst ein Teil von ihm sind.

Euer Papa

2

Kindheit

Liebe Amelie, lieber Moritz,

meinen Erinnerungen an eure Kindheit traue ich nicht. Sie sind mir zu lieblich. Gedächtnis ist trügerisch und tendiert dazu, Vergangenes aufzuhübschen. Wenn ich euch heute als junge Erwachsene betrachte, scheint mir, dass eure Eltern nicht allzu viel falsch gemacht haben. Ihr steht auf eigenen Beinen und habt die Berufe, die ihr wolltet. Ihr schreitet mit offenen Augen durch die Welt und könnt euch in andere Menschen hineinversetzen. Und ihr habt ziemlich viel Vertrauen zu euren Eltern. Meines endete mit elf oder zwölf Jahren. Spätestens ab da waren mir meine Eltern fremd – Menschen, die so anders waren als ich, dass ich ihnen meine Gedanken und Gefühle nicht übersetzen konnte – und wollte. Das hat sich nie mehr geändert.

In meinen ersten Schuljahren, die ich in Bayern über mich ergehen lassen musste, war die Prügelstrafe noch üblich. Demütigen und das Anprangern Einzelner vor der versammelten Klasse galten als normale pädagogische Methoden. Der Sportunterricht glich einem Exerzierplatz. Getrennte Schulen gab es nicht nur für Mädchen und Jungen, sondern auch für Katholische und Evangelische. Mehr als 40 Schüler in einer Klasse waren normal, freie Samstage gab es noch nicht.

Als Junge machte ich einen »Diener« – ich senkte den Kopf – und Mädchen machten einen »Knicks« – gingen kurz in die Hocke – wenn wir einen Erwachsenen begrüßten. »Rede nur, wenn du gefragt wirst«, lautete eine Regel, die die Eltern mir mitgaben. Außerdem sollte ich folgsam sein, stillsitzen und meinen Teller leer essen. Kein Wunder, dass ich schon vor der Pubertät das Vertrauen zu meinen Eltern und allen anderen Erwachsenen verlor. Dabei waren meine Eltern für ihre Zeit nicht einmal sonderlich streng. Knüppeldick kam es dann, als mich der Schularzt für zu schwächlich befand und eine Landverschickung anordnete. In den Alpen sollte ich Gewicht zulegen. Die »Tanten«, wie wir Kinder die Betreuerinnen nennen mussten, hatten ihre pädagogische Ausbildung teilweise noch in der NS-Zeit erhalten. Das bekamen wir zu spüren. Für mich und viele andere war die Landverschickung ein Alptraum aus Zwangsessen, kontrolliertem Toilettengang und Demütigungen durch ältere Jungs, die den Sadismus der Betreuerinnen nach unten weitergaben.

Dennoch schildern Konservative die 1950er- und frühen 1960er-Jahre gern als eine Zeit, in der »Familien noch intakt« und »Kinder wohlerzogen« waren. Schuld an den flegelhaften Kindern von heute sind aus dieser Sicht die gesellschaftlichen Veränderungen, die Ende der 1960er-Jahre begannen: Feminismus, Abkehr vom christlichen Glauben und das Infragestellen traditioneller Autoritäten. Dass man heute in der U-Bahn, im Supermarkt oder im Restaurant mehr tyrannische Kinder erlebt als vor einem halben Jahrhundert, kann ich bestätigen. Ein Grund, die Vergangenheit zu idealisieren, ist das jedoch nicht. Das Leid der Kinder von einst war leise. Erwachsene, die das nicht hören und sehen wollten, hatten kein Problem. Doch Millionen Kinder wurden von Eltern, Lehrern und Pfarrern mit Gewalt, Angst und Zwang zu disziplinierten Untertanen geformt. Wer diese Zeiten als »intakt« oder vorbildlich hinstellt, lügt oder ist schlecht informiert.

Selbstverständlich ist heute nicht alles in Ordnung. Es gibt nach wie vor viel kindliches Leid, durch Vernachlässigung, überforderte Eltern, Armut, Sucht, psychische Krankheiten und viele andere Ursachen. Jeder kann Kinder in die Welt setzen, ob er oder sie auch Eltern sein könnten, prüft niemand nach (und das zu Recht – denn die Alternative wäre totalitär). Dennoch gibt es fundamentale Unterschiede zwischen damals und heute im Verhältnis von Erwachsenen und Kindern. Ich finde, es ist im Großen und Ganzen besser geworden. Die Mehrheit heutiger Eltern geht achtsamer und freundlicher mit ihren Kindern um, ebenso die Menschen, die von Berufs wegen Kinder betreuen.

Wie bei jeder Veränderung zum Besseren gibt es auch hier Entwicklungen, die ins andere Extrem fallen. Die antiautoritären Kinderläden der frühen 1970er-Jahre waren so ein Fall. Auch hat man heute bei manchen Eltern und Erziehern den Eindruck, dass sie glauben, konsequentes Sichraushalten sei besonders fortschrittliche Pädagogik. Nach der Devise: Die Kinder regeln das schon selbst. Das Ergebnis sind oft eine Hackordnung wie im Hühnerhof und stark verunsicherte Kinder.

Doch solche Übertreibungen sind kein Argument dafür, sich die »gute alte Zeit« zurückzuwünschen. Wenn Eltern sich heute der Verantwortung entziehen, ist das eine unerfreuliche Erscheinung, jedoch nicht die Hauptströmung des Zeitgeistes. Der Drill von damals dagegen hatte jedoch fast die gesamte Gesellschaft fest im Griff. Ich kann mich an eine Fernsehsendung in den 1960er-Jahren erinnern, in der gezeigt wurde, dass in Skandinavien Erwachsene in die Hocke gehen, wenn sie mit kleinen Kindern sprechen. In Deutschland war das nicht üblich, man sprach von oben herab. Dass die Erziehungsziele nicht mehr auf Ordnung,

Sauberkeit und Gehorsam beschränkt sind, sondern Kindern auch eigene Wünsche, Bedürfnisse und Meinungen zugestanden werden, ist ein großer Fortschritt, den man sich viel zu selten bewusst macht.

Mit dem Rückgang der Geburtenzahl kam eine sentimentale Verherrlichung der Kinder auf – vorwiegend in der akademischen Mittelschicht. Mütter und Väter wollten nun die Freunde ihrer Kinder sein. Eigene Bedürfnisse sollten gegenüber denen des Kindes stets zurückgestellt werden. Standen zuvor die Eltern im Zentrum der Familien, und die Kinder kreisten um sie, dreht sich die Konstellation nun um: Eltern kreisen um ihre Kinder. Babyboomer wie ich wollten es besser machen als die eigenen Eltern. Härten, die man selbst erlebt hatte, sollten sich nicht wiederholen.

Überbordende Liebe und Fürsorge gehen heute oft mit hohen und höchsten Erwartungen einher. Der eigene Nachwuchs soll einzigartig und etwas ganz Besonderes sein. In manchen Kreisen ist es nicht ungewöhnlich, dass die Kinder vom nachmittäglichen Musikunterricht zum Sportverein und danach in den privaten Sprachkurs transportiert werden. Manche Mittelschichtseltern versuchen mit viel Geld und Aufwand, ihren Nachwuchs durch Gymnasium, Abitur und Universität zu schleusen. Ob die Kinder wollen oder nicht. Eine solide Handwerkslehre gilt ihnen als sozialer Abstieg, nichtakademische Berufe gelten als Makel. Seit einigen Jahren gibt es aber auch deutliche Kritik an solchen überambitionierten Eltern. Vielleicht wird sich dieser Hype von selbst erledigen, wenn sich zeigt, dass die super geförderten Sprösslinge später dann doch nicht Chefarzt, künstlerisches Genie oder CEO werden.

Wie dem auch sei. Ich bin froh, dass ihr in Zeiten groß geworden seid, in denen es schon üblich war, Kindern zu-

zuhören und sie zu respektieren. Es sind bessere Zeiten. Mögen die Nostalgiker von den »intakten Familien« der Adenauerära schwärmen. Wer diese Zeit durchlebt hat, weiß es besser.

Euer Papa

3

Jugend

Liebe Amelie, lieber Moritz,

wenn ich daran denke, was meine Eltern mit mir durchgemacht haben, bin ich dankbar, wie freundlich ihr als Jugendliche wart. Nicht dass ich eure pubertären Ausraster vergessen hätte – und auch nicht meine zuweilen wütenden Reaktionen. Aber wir sind im Gespräch geblieben. Das war zwischen mir und meinen Eltern nicht so. Ich habe sie jahrelang als Feinde betrachtet und auch so gehandelt. Unsere Konflikte eskalierten häufig in wüsten Wutausbrüchen und Beschimpfungen. Erst mit 19 wurde mir langsam klar, dass meine Eltern keine bösen Unterdrücker waren, sondern nur heillos überfordert mit meinem großmäuligen Nonkonformismus. Es kam jedoch nie mehr zu einem vertrauensvollen Verhältnis und wirklicher Nähe zwischen uns. Aber immerhin zu friedlicher Koexistenz. Je älter ich wurde – besonders nachdem ich selbst Vater geworden war –, desto mehr empfand ich Dankbarkeit dafür, was die Eltern für mich getan hatten. Und meine Eltern wurden entspannter, als sie sich sicher waren, dass ich mich weder der RAF angeschlossen hatte noch heroinsüchtig geworden war.

Meine Vorbilder lebten zwischen Bergen von Büchern und Schallplatten in Zimmern, die nach kalter Asche rochen. Sie hatten eine blasse Gesichtsfarbe, Augenringe unter der Brille, wirre Haare und Zigaretten im Mundwinkel. Ihre Kleidung wechselten sie selten, mal Lederjacke, mal

Armeeparka, stets Bluejeans. So sahen die rebellischen Jugendlichen und Studenten aus, für die ich im Alter von zwölf Jahren schwärmte und denen ich mit 13 anfing nachzueifern. Sie waren fünf bis zehn Jahre älter als ich und für mich das ideale Gegenbild zu meinen spießigen Eltern. Also ließ ich mir die Haare wachsen, verließ über Nacht das Elternhaus und schloss mich den Rebellen an, die ich bewunderte. Die Verzweiflung meiner Eltern war mir egal. Es wäre mir nicht im Traum eingefallen, gesund zu essen oder ständig Wasser zu trinken. Die angesagten Sportarten hießen Sex, Drogen und revolutionärer Kampf. In Kleidung, Haartracht und Lebensstil gab es in dieser Jugendkultur kaum Unterschiede zwischen weiblich und männlich. Sehr wichtig war es, welche Bücher man las und welcher politischen Richtung man sich zugehörig fühlte, wobei das Spektrum von links-demokratisch über links-antiautoritär bis links-totalitär reichte. Mit 20 kannte ich keinen Menschen persönlich, der unter 30 war und rechts von der SPD. Diese jugendliche Subkultur besteht heute bestenfalls noch in winzigen Restbeständen, die sich in einschlägigen Kiezen Berlins und Hamburgs eingeigelt haben. Aber auch in diesen Soziotopen haben Bücher und politische Theorie keinen hohen Stellenwert mehr. Eher definiert man sich über Lebensstilfragen wie Veganismus oder non-binäre Gendertypisierung.

War meine Peergroup *die* Jugend der 1970er-Jahre? Bestenfalls ein kleiner Teil davon, der allerdings lautstark von sich reden machte. Auch damals war die Mehrheit damit beschäftigt, Schule oder Lehre möglichst gut zu absolvieren, lebte bei den Eltern, rauchte kein Haschisch und besetzte keine leerstehenden Häuser.

Die Medienbranche ruft gern Generationen aus. Seit einiger Zeit ordnet sie diese nach Buchstaben: Generation

X, Y und Z. Allen zufällig im gleichen Zeitraum Geborenen werden gemeinsame Eigenschaften zugeschrieben. Die Achtundsechziger waren rebellisch, die Null-Bock-Generation der 1980er-Jahre bestand aus lauter Aussteigern und Verweigerern, in den 1990ern waren alle jungen Leute karrieregeile Yuppies und 2019 demonstrierten *die* Jugendlichen mit »Fridays for Future«.

Solche Zuschreibungen waren schon immer Quatsch und wurden durch soziologische Empirie widerlegt. Ein auffälliger Teil der Jugendkulturen bekommt ein journalistisches Etikett verpasst und steht damit im Fokus der öffentlichen Aufmerksamkeit. Die Mehrheit der Gleichaltrigen wird ausgeblendet. 2021 veröffentlichte die Europäische Investitionsbank eine repräsentative Umfrage zum Thema Klima-Aktivismus. Und siehe da: Die »Generation Greta« entpuppte sich als genauso fiktiv wie ihre Vorgänger. Die große Mehrheit der diversen Jugendkulturen orientiert sich lieber an Fußballern, Rappern, Influencerinnen und anderen Leitbildern für Konsum und Status. »Wir sollten uns hüten, Fridays for Future auf die Jugend insgesamt hochzurechnen«, stellte die Sozialforscherin Jutta Allmendiger fest. Ihre Untersuchungen zeigen, dass einzelne Jugendmilieus nicht als repräsentativ für eine ganze Generation angesehen werden können.

Dennoch hat sich an den Jugendkulturen in den Jahrzehnten, die zwischen eurer und meiner Jugend liegen, Grundsätzliches verändert. Sie sind diverser geworden. In meiner Schulzeit gab es lediglich zwei Milieus: die Braven und die Rebellischen. Wer wie meine Freunde und ich zu den Rebellischen gehörte, unterschied sich schon rein äußerlich durch Haartracht, Kleidung und Habitus von den Braven. Wir stritten ständig mit den Lehrern, knutschten in der Öffentlichkeit, nahmen Drogen, tobten uns bei samstäglichen Straßenkrawallen in Frankfurt aus und zogen früher oder später mit Gleichgesinnten in Wohngemeinschaften, um praktischen Kommunismus auszuprobieren. Die anderen orientierten sich am Lebensstil ihrer Eltern.

Ein paar Jahre später gab es schon nicht mehr *die* Rebellen und *die* Angepassten, sondern diverse Subkulturen mit eigenen, teilweise hoch diffizilen Erkennungszeichen. Punk kam auf und nahezu parallel die »Popper« (denen Konsum und schicke Kleidung wichtig waren). Außerdem noch »Skins« in Bomberjacken, »Müslis« in Latzhosen, die Fans der »Neuen Deutschen Welle« mit ihren Lederschlipsen und Schulterpolsterjacketts und etliche Sub-Subkulturen. Und natürlich auch Mischformen: Meine Peergroup und ich mixten Anarchismus und Punk, eine Kombination, die in der Presse damals als »Politrocker« oder »Chaoten« bezeichnet wurde. Die Moden wechselten, aber die Diversität blieb. Zwischen rebellisch und angepasst können sich heutige Jugendliche in einem Supermarkt der Stilmittel und Ausdrucksformen bedienen. Eines ist jedoch geblieben: Oftmals stammen die unterschiedlichen Fraktionen aus der gleichen sozialen Klasse. So rekrutierte sich »Fridays for Future« hauptsächlich aus Gymnasiastinnen mit akademischen Mittelschichtseltern. Während sich junge Männer aus weniger saturierten Familien lieber in Shisha-Bars über PS-starke Autos austauschen.

Und noch etwas hat sich massiv gewandelt. Der Generationenkonflikt verläuft milder als in meiner Jugend. Wut und Hass auf die Eltern wie bei mir waren damals normale Härte und sind heute eher die Ausnahme. Konflikte werden weniger unerbittlich ausgetragen. In meiner Schulzeit wäre es völlig unmöglich gewesen, vor Gleichaltrigen zu sagen, dass man sich mit den Eltern gut versteht. Heute ist das kein Problem. Lehrer berichten, dass Jugendliche in der Regel die politischen Ansichten, moralischen Werte oder den religiösen Glauben ihrer Eltern übernehmen. Für mich und meinesgleichen damals undenkbar.

Bei aller Harmonie schaffen sich auch heutige Jugendliche subkulturelle Räume, mit denen sie sich von den Erwachsenen abgrenzen. In meiner Jugendzeit war es die Rockmusik, die wir als unsere eigene Welt definierten. Heute ist es beispielsweise die Gaming-Kultur, mit der sich Jugendliche die Erwachsenen vom Hals halten. Das Bedürfnis, sich eigene Sphären abseits der Erwachsenen zu schaffen, löst in den Social Media immer wieder Wanderbewegungen der Jugend aus, von Facebook zu Instagram zu Tiktok. Immer wenn die Erwachsenen nachziehen, wechseln die Jugendlichen die Plattform.

Wer heute rebellisch sein will (und manche brauchen das nach wie vor), hat es wesentlich schwerer als früher. Ich konnte die Alten noch mit einfachsten Mitteln provozieren. Es reichte schon, barfuß durch die Stadt zu laufen oder mich im Park auf den Rasen zu setzen. Zuverlässig fingen irgendwelche Rentner oder Hausmeister an, Naziprüche abzusondern. Balsam für mein jugendliches Ego. Wer heute krasse Reaktionen bei Erwachsenen hervorrufen will, muss sich wesentlich mehr einfallen lassen. Ausgefallene Mode oder Knutschen auf der Straße reicht längst nicht mehr. Selbst der Vorwurf, dass die Alten durch die Nutzung fossiler Brennstoffe den Weltuntergang auslösen – »How dare you!« –, wird von Eltern und Lehrern mit zerknirschter Zustimmung quittiert. Das Einzige, was noch verlässlich provoziert, ist der Rechtsradikalismus. Möglicherweise ist die bedingungslose Toleranz der Erwachsenen gegenüber jugendlichen Provokationsgesten einer der Gründe für die Zunahme von Autoaggression wie Magersucht und Selbstverletzung.

Ist die Jugend heute anders? Ja und nein. Es gibt immer noch Adoleszenzkrisen, eigenwillige Moden und die Verwirrung der Hormone. Doch weniger harte Konflikte mit den Eltern und eine größere Auswahl an jugendlichen Subkulturen.

Euer Papa

4

Freiheit

Liebe Amelie, lieber Moritz,

in den Jahren, als ich neben dem Brandenburger Tor arbeitete, konnte ich vom Balkon auf den Pariser Platz schauen. Tagtäglich fanden dort zwei bis drei meist kleinere Demonstrationen statt. Tierrechtler, Reichsbürger, Impfgegner, Islamisten, Transgender-Aktivisten und andere Minderheiten wurden von diesem geschichtsträchtigen Ort im Regierungsviertel magnetisch angezogen. Ebenso bunt wie die politischen Proteste waren die Passanten. Burka, Micky-Maus-Kostüm, Frack oder nackt: Keine Kleidung oder Nicht-Kleidung erregte Aufsehen, sondern wurde nach Berliner Art freundlich ignoriert. Die Freiheit seine Meinung kundzutun und die Freiheit zur Selbstdarstellung scheinen grenzenlos.

Seid ihr freier, als meine Generation es war? Auf jeden Fall habt ihr auf vielen Gebieten des Lebens mehr Optionen, aus denen ihr wählen könnt. Im Wintersemester 2021/2022 boten die deutschen Universitäten 20.951 verschiedene Studiengänge an, darunter Promenadologie, Coffeemanagement und Spiritualität. Als ihr beide zu studieren anfingt, waren es noch nicht ganz so viele, aber bereits ein Vielfaches des akademischen Angebots meiner Studentenzeit.

Auf Tinder kann man binnen Minuten durch Hunderte Fotos Partner suchender Singles wischen. Mit eurem deutschen Pass könnt ihr visafrei in 170 Länder der Erde reisen. Die Auswahl an Limonaden und Limonadenmixgetränken ist in den 2010er-Jahren explodiert. Dass ich als Kind wie alle meiner Generation nur ein einziges Fernsehprogramm kannte, klingt heute so vorgestrig wie Leierkasten oder Bahnsteigkarte. Im vergangenen halben Jahrhundert erreichten die Auswahlmöglichkeiten in nahezu allen Bereichen des Lebens zuvor nie geahnte Dimensionen. Im Berliner Kaufhaus KaDeWe können Kundinnen und Kunden zwischen 4.000.000 verschiedenen Artikeln wählen. Besonders für Menschen, die den ständigen Warenmangel in der DDR kennengelernt haben, ist das heutige Angebot an Gütern, Dienstleistungen, Reisemöglichkeiten, Freizeitoptionen und Berufsfeldern schier unglaublich. In einigen westlichen Ländern wurde sogar die eigene Geschlechtszugehörigkeit frei wählbar. »Multioptionsgesellschaft« nannte der Schweizer Soziologe Peter Gross diese nie zuvor dagewesene Ausweitung der Möglichkeiten. Wobei man nicht vergessen sollte, dass es nach wie vor Arme und Reiche gibt. Wer kein Geld hat, kann sich die Warenfülle im KaDeWe nur ansehen. Gross beschrieb diesen Wandel noch mit einem zweiten, weniger bekannten Wort: »Entobligationierung«. Er kennzeichnete damit die zunehmende Unverbindlichkeit von Traditionen, die früher für fast alle obligatorisch waren. Heute kann man immer noch sonntags in die Kirche gehen, man muss aber nicht mehr. Man kann weiterhin heiraten, aber auch einfach so zusammenleben, ohne von den Nachbarn verachtet zu werden.

Doch mehr denn je gilt das Sprichwort: Wer die Wahl hat, hat die Qual. Junge Leute beklagen, dass die vielen Optionen sie verunsichern. Sie hätten ständig Angst, nach der falschen Möglichkeit zu greifen. Psychologen bescheinigen eurer Generation, sie wolle sich ungern festlegen und sich immer alles offenhalten. Getrieben von der Idee, dass man eventuell noch etwas Besseres findet und man sich selbst ständig optimieren kann. Ob Berufsausbildung, Liebe oder Speisekarte: Statt Entdeckerlust empfinden junge Menschen Entscheidungsfrust. Manche unterwerfen sich deshalb religiösen Verhaltensregeln oder dem Kodex rechtsradikaler Kameradschaften, die ihnen Gewissheit versprechen und klare Vorgaben machen.

Wer unter Entscheidungsunsicherheit leidet, dem hilft der Gedanke, dass die meisten Konsum-Alternativen ziemlich egal sind. Marketingagenturen blasen die Unterschiede zwischen Fahrrädern, Sneakers oder Internetprovidern ins Gigantische auf. Meist sind die Differenzen gar nicht sonderlich groß. Die Nachteile einer falschen Kaufentscheidung halten sich in Grenzen. Wenn ihr auf der Speisekarte ein euch unbekanntes Gericht wählt, macht ihr womöglich eine interessante Entdeckung. Auf jeden Fall wird man durch Ausprobieren um eine Erfahrung reicher. Bei den großen Entschlüssen, wie der Wahl eines Berufes, sieht es natürlich anders aus. Aber, so schreiben viele Experten, häufiger Berufswechsel wird immer mehr zur Normalität.

War ich weniger frei, weil wir weniger Berufe lernen konnten, im Milchladen keine 20 Sorten Fruchtjoghurt zur Auswahl standen und Tinder noch nicht erfunden war? Aus meiner Sicht, nein. Mancher Mangel an Möglichkeiten (von denen ich ja nicht wusste, dass es sie einmal geben wird) steigerte das Gefühl, frei zu sein. Da ich mir selbst Wege bahnen musste, um Wünsche und Sehnsüchte zu verwirklichen. Kein Marketing hat mir die Erfüllung angeboten, niemand wollte sie mir verkaufen. Auch ohne Pauschalreiseangebote und mit wenig Geld in der Tasche konnte ich Afrika erkunden, gequetscht in überfüllten Matatu-Kleinbussen oder per Autostopp mit Lastwagen. Weil ich nicht wusste, welche wunderbaren Möglichkeiten die Zukunft bereithält, vermisste ich sie auch nicht. »Man sollte gar nicht glauben, wie gut man auch ohne die Erfindungen des Jahres 2500 auskommen kann«, bemerkte Kurt Tucholsky bereits im Jahre 1932.

Unbestreitbar hat die Auswahl an Konsum-Optionen zugenommen. Freiheit bedeutet natürlich viel mehr. Auch die Vielzahl der Möglichkeiten, sein Privatleben auf diese oder jene Weise zu gestalten, ist nicht alles. Ohne die grundlegenden Freiheiten, die in den Menschenrechten festgeschrieben sind, ist alles nichts. Westdeutschland hat sie 1949 ins Grundgesetz übernommen. So verbrachte ich mein Leben im freiesten deutschen Staat, den es jemals gab. Bis ich das zu würdigen wusste, dauerte es jedoch ein Weilchen. Wie viele meiner Generation gefiel ich mir als junger Mensch darin, die Freiheit als eine Scheinfreiheit zu entlarven. Mit Schlagworten wie »Repressive Toleranz« und »Bürgerliche Freiheit« (im Gegensatz zur wahren, revolutionären Freiheit) glaubten wir das »System« als eine hinterlistige Gaukelei der Herrschenden zu entlarven, hinter der der Faschismus lauert. Denkschablonen, die denen der heutigen »Querdenker« und Rechtsradikalen ziemlich ähnlich sind. Zum Glück dauerte diese ideologische Verirrung nicht sehr lang. Reisen in viele Länder ohne »bürgerliche Freiheiten« belehrten mich eines Besseren.

Freie Rede gehört zu den essenziellen Freiheiten. Auf diesem Gebiet sieht es heute weniger rosig aus. Die Sprache – zumindest die öffentliche – wurde zu Beginn des 21. Jahrhunderts immer stärker zum Kampffeld von Ideologen, die überall Beleidigung, Diskriminierung und semantische Unterdrückung wittern. Besonders an den Universitäten, im Kulturbetrieb, in Firmen und Behörden machte sich dadurch eine Redeweise der übertriebenen Vorsicht, des vorauseilenden Gehorsams und der Anpassung an dogmatische Vorgaben breit – auf Kosten der Freiheit. Neue Sittenwächter denunzieren Abweichler. Obwohl die große Mehrheit der Bevölkerung die sprachlichen Verrenkungen absurd findet und ignoriert, lassen sich Politiker und Journalisten davon beeindrucken. In großen Verlagen werden seit einiger Zeit Bücher von sogenannten »Sensitivity Readern« überprüft, die nach Textstellen suchen, durch die sich irgendwer unangenehm berührt fühlen könnte. Was nicht dem intersektional queeren, genderfluiden, postkolonialen, klimarettenden Weltbild entspricht, wird gelöscht oder umformuliert. Das kommt der Tätigkeit von Zensurbehörden in totalitären Staaten schon beunruhigend nahe.

Ich frage mich, ob mein Lieblingszeichner, der 1983 verstorbene Franzose Jean-Marc Reiser, heute in Deutschland noch einen Verlag finden würde, der seine Cartoons druckt. Reiser durchbrach alle Konventionen und Tabus, machte sich über die Mächtigen ebenso unverschämt lustig wie über Minderheiten, über Frauen genauso wie über Männer, und zeigte die Menschen von ihrer hässlichsten, peinlichsten und komischsten Seite. In Frankreich wurden seine Bücher millionenfach verkauft. Ein einziger seiner Cartoons würde heute in den Social Media eine Welle der Empörung auslösen, und die meisten Zeitungen hätten nicht die Courage, ihn abzudrucken. Die Woken würden in Reisers Cartoons nichts als Respektlosigkeit gegenüber »vulnerablen Gruppen« erblicken und die Konservativen nichts als Pornographie. Wie groß die Angst vor der Wut beleidigter Minderheiten ist, zeigte sich bei den dänischen Mohammed-Karikaturen 2005, die fast alle deutschen Medien ihren Lesern vorenthielten. Eine besonders üble Rolle bei der Beschränkung der Freiheit spielen die Social-Media-Konzerne. Bei ihnen bestimmen profitgetriebene Manager und Algorithmen, was gesagt und gezeigt werden darf. So kam es zu perversen Zensurschranken, die die Brustwarze einer Frau löschten, ein Enthauptungsvideo von Islamisten aber durchließen.

Ich muss dabei an die 1950er-Jahre denken. Den kulturellen Mief dieser Zeit habe ich zwar nicht selbst erlebt. Doch ältere Freunde erzählten oft davon. Filme und Literatur dokumentieren die geistige Enge jener Jahre. Verkniffene alte Männer aus Kirche, konservativen Parteien, Justiz und Schulwesen sorgten dafür, dass die Jugend vor »bedenklicher« Literatur, gottlosen Theaterstücken und Kinofilmen, in denen nackte Haut zu sehen war, geschützt wurde. Im Namen des »gesunden Volksempfindens« verfolgten sie »Schmutz und Schund«. Wozu aus ihrer Sicht alles gehörte, was über den geistigen Horizont eines frommen Katholiken hinausging. Wie die woken Zensoren von heute waren sie unentwegt entrüstet, beleidigt und schockiert. Ob die heutigen Sprachreiniger ihre semantischen Tabus auf Dauer durchsetzen oder mit der Zeit ermüden, ist derzeit noch offen. Zu allem Überfluss kehrten im Jahr 2022 auch noch die Original-50er-Jahre zurück – vorerst nur in Amerika. Der Gouverneur Floridas und mögliche Präsidentschaftskandidat Ron DeSantis ließ alle Schulbibliotheken von Büchern säubern, die den Glaubenssätzen religiös-nationalistischer Puritaner missfallen. Wie man es aus Diktaturen kennt, sollen die Kinder und Jugendlichen Floridas nur erbauliche Literatur zu lesen bekommen, die die Geschichte der Nation als glorreiche Abfolge von Siegen und Triumphen darstellt.

In Sachen Informationsfreiheit ist eine paradoxe Situation entstanden. Einerseits könnt ihr euch aus viel mehr Quellen informieren, als ich es konnte. Allein die Möglichkeit, nach nur ein paar Klicks ausländische Zeitungen lesen zu können, war in meiner Jugend ein Wunschtraum. Andererseits entstand durch die ungeheure Vielfalt eine neue Gefahr. Werbung und Entertainment, Nachrichten, Mythen und gezielte Desinformation bilden auf vielen Kanälen eine trübe Mischung. Gerüchte und Fälschungen verbreiten sich schneller denn je.

Angesichts dessen frage ich mich heute, ob an der Kritik »repressiver Toleranz« aus den 1960er-Jahren nicht doch etwas dran war. Der Philosoph Herbert Marcuse wollte mit diesem Begriff eine Scheinfreiheit in den westlichen Ländern beschreiben, die darauf hinausläuft, jeden Unsinn hochzujazzen, damit fundierte Kritik am Kapitalismus im allgemeinen Getöse untergeht. Die schrillen und medial breitgetretenen Debatten, die heute um das Thema Identität geführt werden, drücken die sozialen Fragen in den Hintergrund. POC-Frau, Transmenschen und postkolonial Diskriminierte und Dutzende anderer Minderheiten pochen auf ihre partikularen Interessen. Herkunft wird wichtiger als das Gemeinsame aller Erniedrigten und Unterdrückten. Adieu Solidarität. Die Fixierung auf das Kampffeld Sprache bleibt im Symbolhaften und ändert wenig an den konkreten Verhältnissen. Der Zensurfuror gegen als böse definierte Begriffe endet in einer bigotten Kakophonie, bei der sich alle gegenseitig vorwerfen, nicht sprachsensibel genug zu sein. Auch so kann man Kritik neutralisieren. Wenn alle Bücher alter weißer Männer aussortiert werden, verschwindet auch ein Großteil der Literatur zur sozialen Emanzipation. Ähnlich wie die zeitgeistige Fixierung auf Identität wirkt der ebenso schrille Klima-Aktivismus. Wenn der Weltuntergang mit allen Mitteln verhindert werden muss, werden die unterschiedlichen Interessen von Armen und Reichen unwichtig. Alle sitzen im gleichen

Boot. Auch lässt sich jedes Verbot, jede Einschränkung rechtfertigen. Gleichzeitig ist die Angst das beste Marketing für die Industrien, die Kraftwerke, Autos, Heizungen, Haushaltsgeräte und tausend andere Dinge verkaufen mit dem Argument, sie würden das Klima retten.

Die Social Media haben den klassischen Journalismus entmachtet. Ununterbrochene Live-Berichterstattung von Usern aus aller Welt ist schneller als jede Redaktion und wird durch User-Kommentare in Echtzeit angefeuert. Leider werden dabei sämtliche Qualitätskriterien (die auch schon vorher nicht immer eingehalten wurden) über Bord geworfen. Für Aufmerksamkeit sorgen weniger die Tatsachen als die damit transportierten Emotionen wie Mitleid, Wut oder Schadenfreude. Hitzige Debatten entzünden sich an Videoschnipseln, bei denen man nicht weiß, was vorher oder nachher passierte. Oder an Zitaten bekannter Personen, die aus dem Zusammenhang gerissen wurden. Quellen werden nicht genannt, oftmals nicht einmal das Datum. So bilden sich »gefühlte Wahrheiten«, die mit dem realen Ereignis kaum mehr etwas zu tun haben. Komplexere Themen ohne eindeutige Gut-Böse-Aufteilung, oder solche, zu denen es keine Bilder gibt, werden ignoriert. Selbst global bedeutende Ereignisse – wie etwa der 2015 ausgebrochene Krieg im Jemen – dringen nicht in die öffentliche Wahrnehmung vor, weil es kaum Bilder davon gibt.

Vielen Menschen fehlt das geistige Handwerkszeug, das man braucht, um Fakten von Lügengeschichten halbwegs sicher zu unterscheiden. Das zeigte sich eindrucksvoll an der Menge esoterischer Welterklärungen, die während der Covid-19-Pandemie kursierten. Leider fehlt die Fertigkeit, Behauptungen kritisch zu prüfen, auch manchen Journalisten. Denn es ist nicht so, dass Falschinformationen nur in den Social Media kursieren und die alten Medien Trutzburgen der Wahrheit und Faktentreue sind. Ihr musstet viel intensiver als ich lernen, die Qualität von Nachrichten zu beurteilen. Wenn ihr die dafür nötige kritische Recherche beherrscht, stärkt dies eure Freiheit. Wer es nicht lernt, wird leicht zum Gefolge von Manipulatoren und Demagogen.

Eine – wie ich finde – bisher unterschätzte Gefahr für die Freiheit ist schwächer werdende Wertschätzung der Demokratie. Meine Generation hatte eine Diktatur vor der Haustür, in der fast 17 Millionen Deutsche lebten – die meisten davon unfreiwillig. Zwar gab es auch damals in Westdeutschland Bewunderer stalinistischer oder faschistischer Diktatoren. Es waren jedoch kleine Minderheiten. Heute habe ich den Eindruck, dass vielen eher unpolitischen Bürgern der Unterschied zwischen einer offenen und einer totalitären Gesellschaftsordnung nicht mehr klar ist. Nach fast 80 Jahren Demokratie und Freiheit können sie sich nichts anderes mehr vorstellen. Der Unterschied zu Regimen, in denen jeder jederzeit inhaftiert oder hingerichtet werden kann, ist für sie abstrakt. So als gäbe es verbrecherische Staaten nur in historischen Filmen. »Wir sind doch auch nicht frei«, sagen solche Leute gern, »die Demokratie ist ein Schwindel.« Sie setzen Fälle von Unrecht (die auch in westlichen Demokratien vorkommen) gleich mit dem systematischen Unrecht, auf dem autoritäre Herrscher ihre Macht aufbauen. Dieser Freiheitsverdruss erinnert mich an verwöhnte Kinder, die vom vielen Vergnügen gelangweilt sind.

Noch ein viertes Zeitphänomen scheint mir eure Freiheit im Vergleich zu früher einzuschränken: Konformitätsdruck. Der war in meiner Jugendzeit schwächer. Zwar gab es damals auch dogmatische politische Gruppierungen und Psychozirkel, die ihre jugendlichen Mitglieder durch

Gruppendruck zu willigen Jasagern formten. Einige, mit denen ich mal befreundet war, ließen sich von solchen Sekten das Denken abnehmen. Doch die Gesellschaft insgesamt schien mir in den 1970er-Jahren verglichen zu heute mehr Individualität zuzulassen. Die Macht selbst ernannter Gesinnungshüter scheint durch die Social Media zugenommen zu haben. »Bisher sind solche Maßnahmen stets von übergeordneten Apparaten ausgegangen«, schrieb der Schriftsteller Max Goldt über die Ausweitung der Tabuzonen. »Und jetzt erleben wir, dass so etwas auch von ganz woanders herkommen kann: von gutsituierten Szeneviertel-Kids in der Orientierungsphase und denen, die deren Orientierungslosigkeit zwecks Selbstprofilierung ausnutzen.« Seltsamerweise erzeugt die Fülle der Medien mehr Gleichklang statt mehr Vielfalt. Das ständige sich mit anderen Vergleichen in den Social Media führt insbesondere bei sehr jungen und ungefestigten Menschen nicht nur zu einer äußerlichen, sondern auch zu einer geistigen Normierung.

Also einmal Freiheit und zurück? Werdet ihr in einer Hipster-Version der 1950er-Jahre leben? Oder gar in einer frömmelnden, puritanischen Retro-Version? Es muss nicht so kommen. Ob die verbotsverliebten Woken und Identitären Oberhand gewinnen, ist noch nicht ausgemacht. Womöglich werden auch die Social Media sich abnutzen, langweilig werden, an Macht und Bedeutung verlieren. Und hoffentlich kommt es in Deutschland nicht zum großen Rollback durch noch üblere Kräfte, wie es in einigen westlichen Ländern passierte. Euch wünsche ich, dass das kulturelle Kima bald wieder freier wird.

Euer Papa

5

Zukunft

Liebe Amelie, lieber Moritz,

als ihr Mitte der 1990er-Jahre auf die Welt kamt, gab es durchaus Anlässe für Hoffnung und Zuversicht. Die Diktaturen in den osteuropäischen Staaten waren zusammengebrochen, ebenso die Apartheid in Südafrika. Auf allen Kontinenten schritt die Demokratie voran. Doch die meisten Deutschen erwarteten nichts Gutes von der Zukunft. Im Fokus der Öffentlichkeit standen die ökonomischen und sozialen Verwerfungen, die die deutsche Einheit mit sich brachte, die Kriege im ehemaligen Jugoslawien – und natürlich Umweltprobleme. »Der Storch wird nach Ansicht von Fachleuten in Deutschland die Jahrtausendwende nicht überleben«, prophezeite damals *Der Spiegel.* »So soll die Welt nicht werden«, lautete der Titel eines Buches aus dieser Zeit. Darin waren Kinderaufsätze über die Zukunft versammelt. Die Mädchen und Jungen erwarteten Schlimmes: »Wir haben unsere Umwelt ja jetzt schon so gut wie vernichtet.« »Es wird sicher keine gute Zukunft geben.« »Nichts als Müll und Abgase.« Als größte ökologische Gefahr galt damals das Ozonloch über der Antarktis. Die Klimaerwärmung war noch kein großes Thema. Anders als heute wurde beispielsweise 1993 das Jahrhunderthochwasser des Rheins noch nicht als Folge eines Klimawandels gedeutet.

Die Sammlung kindlicher Umweltängste zeigt eindringlich, wie tief der Zukunftspessimismus sich bereits damals festgesetzt hatte. Euch hat das nicht so sehr beschäftigt (hoffe ich), denn eure Eltern misstrauten dem Endzeit-Geraune, das in Kinderbüchern, bei manchen Lehrern, Müttern und Vätern in Mode war und bis heute ist. Im Mai 2022 erschien in der *Zeit* ein Artikel unter dem Titel »Schatten auf der Kinderseele«. »Die Angst vor dem Klimawandel belastet die Kleinen besonders«, hieß es darin. Woher die Kinder ihre düsteren Erwartungen haben, fragte die Autorin nicht, sondern fand die Angst völlig angemessen.

In meiner Kindheit herrschte noch ein fortschrittsbegeisterter Zukunftsoptimismus, der in der Mondlandung 1969 einen Höhepunkt fand. Meine Jugendbücher und Zeitschriften malten die Zukunft mit allerlei technischen Spielereien aus: fliegende Autos, Städte unter dem Meer, vollautomatische Küchen und Essen in Pillenform. In dem populären Sammelkartenwerk »Die Welt von morgen« von 1960 waren die heutigen Schreckensvisionen der Öko-Apokalyptik noch rosige Zukunftsversprechen, die eine bessere Welt verhießen. Jeder werde ein kleines Atomkraftwerk im Garten haben, mit dessen Energie Gemüse riesige Ausmaße erreichen würde, prophezeite das Album. Durch Umleitung des Golfstroms würde Grönland zum Obstanbaugebiet. Ebenso Sibirien, auf dessen aufgetauten Permafrostböden Getreide geerntet werde. Die »Urwaldhölle« am Amazonas sei dann endlich fruchtbares Ackerland: »Achthundert Millionen Hektar Waldfläche sind von Hubschraubern, riesigen Straßenmaschinen, Spezialwasserfahrzeugen und von einem Heer von Ingenieuren, Technikern und Forstleuten erobert worden.«

Solcher Zukunftsoptimismus erkaltete in den 1970er-Jahren. Bestseller wie »Die Grenzen des Wachstums« und »Die Bevölkerungsbombe« lenkten den Blick auf die

Schäden, die der technische Fortschritt angerichtet hatte. Die Umweltverschmutzung war nicht zu übersehen, Abgase in der Luft, giftige Chemikalien in den Flüssen und immer wieder schwere Industrieunfälle. In den westlichen Staaten war der Wohlstand inzwischen so groß, dass die meisten Menschen sich um ihr tägliches Brot keine Sorgen mehr machen mussten. Sie wünschten sich nun eine saubere und schönere Umwelt.

Als sichtbare Strömung trat der Zukunftspessimismus mit Großdemonstrationen gegen Atomkraftwerke Ende der 1970er-Jahre und später mit der Umwelt- und Friedensbewegung auf die politische Bühne Deutschlands. Ich marschierte mit, in der festen Überzeugung, dass die junge Öko-Bewegung den einzig richtigen Weg in die Zukunft weist.

Dystopien vom Untergang der menschlichen Spezies und der gesamten Natur wurden populär. Der Planet, so glaubten damals nicht nur ich, sondern viele junge und alte Deutsche, müsse vor den schrecklichen Folgen eines entfesselten Fortschritts gerettet werden. Die meistgelesenen Bücher der Zeit waren die romantisch-nostalgischen Märchen des Anthroposophen Michael Ende und die apokalyptischen Jugendromane der Gudrun Pausewang. Sie erreichten riesige Auflagen und formulierten, was Millionen fühlten: Es ging ums Überleben. Ein sorgenvoller Blick in die Zukunft wurden in den 1980er-Jahren zum Massenphänomen. Auch ich war damals überzeugt, dass der deutsche Wald in wenigen Jahren gestorben sein werde, die Umweltverschmutzung immer schlimmere Ausmaße annehmen und die Menschen in Asien, Lateinamerika und Afrika immer ärmer würden. Kaum einer hoffte noch, dass die Welt morgen besser sein könnte als heute. Ob Atomkraft, Gentechnik, Computer, Mobilfunk oder Internet –

die deutsche Seele fokussierte sich stets auf die Gefahren, die möglicherweise von neuen Entwicklungen ausgehen könnten. Einige Fortschritte wurden erfolgreich verhindert und blieben aus Deutschland ausgesperrt. Andere setzten sich dennoch durch und wurden Normalität.

Den Zukunftsoptimismus der 1950er- und 1960er-Jahre nennt man mittlerweile »Machbarkeitswahn«. Zu Recht, denn die in der Rückschau naiv anmutenden technischen Utopien blendeten die Nebenwirkungen aus. Heute denke ich, dass die Dystopien der Gegenwart lediglich ein umgekehrter Machbarkeitswahn sind. Das »Wir können alles« wurde vom »Wir zerstören alles« abgelöst. Die alte Hybris versprach das Paradies. Die neue Hybris droht mit der Hölle, verkündet aber gleichzeitig, wie das Inferno noch im letzten Moment abgewendet werden könnte. Aktivisten und Politiker bestehen unerbittlich darauf, dass der Mensch und nur der Mensch allein das Klima gestaltet. So hieß es in einem Aufruf, den im April 2023 Persönlichkeiten aus Politik, Wirtschaft, Kirchen, Wissenschaft und Kultur an den Bundeskanzler schickten, man müsse das Klima »stabilisieren«, weil ansonsten der »Verlust unserer Kontrolle« drohe. Als hätte es jemals seit der Entstehung der Erde ein stabiles Klima gegeben. Wer darauf hinweist, dass es auch eine Reihe natürlicher Faktoren gibt, die im Laufe der Erdgeschichte das globale Klima immer wieder wandelten, wird als Leugner denunziert. Der Glaube an einen übermächtigen menschlichen Einfluss zeigt sich auch in dem politischen Ziel, die Erderwärmung auf 1,5 Grad zu beschränken – als hätte die Welt einen Temperaturregler, den man akkurat justieren kann. Daraus spricht der Wunsch nach einer statischen Welt, in der sich nichts ändern soll und alles geordnet zugeht, am besten nach deutscher DIN-Norm. Die Lust auf Veränderung, die Mitte des

20. Jahrhunderts überall zu spüren war, wurde von einer zutiefst konservativen Grundstimmung abgelöst. Haltet die Welt an! Alles soll bleiben, wie es ist!

In den 1990er-Jahren begann ich am Weltuntergang zu zweifeln. Meine Recherchen ergaben immer häufiger, dass die messbaren globalen Entwicklungen wenige Belege für die Endzeitprognosen lieferten. Die Situation war nicht so schlecht, wie ich geglaubt hatte. Vieles war besser geworden. Der Zukunftspessimismus fußte in einem falschen Bild der Gegenwart. Obwohl schon Ende der 1980er-Jahre Luft und Gewässer durch neue Umweltgesetze sichtbar und spürbar sauberer geworden waren, verfestigte sich der allgemeine Glaube, die Umweltsituation sei noch nie so schlecht gewesen. Bis heute sind viele Deutsche fest davon überzeugt, dass Umweltverschmutzung und Armut global immer schlimmer würden. Die Tatsache, dass weltweit immer mehr Menschen einen bescheidenen Wohlstand erreichen und immer weniger in Armut leben müssen, wird von Medien meist ignoriert. Die Welt ist besser als ihr Ruf.

In den 1990er-Jahren lernte ich, dass man sich ziemlich unbeliebt macht, wenn man den Alles-wird-immer-schlimmer-Konsens kündigt. Bei meinen Vorträgen empörten sich Zuhörer darüber, dass ich die zweifelsfrei bevorstehende Öko-Apokalypse leugne. Kritiker meiner Bücher warfen mir vor, eine »Rosa Brille« zu tragen oder von Mächten des Bösen bezahlt zu sein.

Während in Deutschland Fortschritt beargwöhnt wurde, umarmten man ihn in anderen Teilen der Welt. Seit dem Ende des Zweiten Weltkriegs verbesserten sich die Lebensbedingungen für Milliarden Menschen erheblich. Während in meinem Geburtsjahr noch mehr als zwei Drittel der Weltbevölkerung in extremer Armut lebten, sind es heute noch zehn Prozent. Und dies, obwohl sich die Zahl der Erdenbewohner im gleichen Zeitraum fast verdreifachte. Mit 73 Jahren ist die globale durchschnittliche Lebenserwartung höher, als sie in meiner Kindheit in Deutschland war. Die Kindersterblichkeit sank überall auf der Welt drastisch. Fast 90 Prozent aller Jungen und Mädchen können heute zur Schule gehen, und die Zahl der Analphabeten an der Gesamtbevölkerung schrumpfte weltweit auf 15 Prozent.

All dies blieb weitgehend unbekannt, nicht nur in Deutschland, sondern generell in den reichen Industrieländern. Obwohl man es in den offiziellen Statistiken der UN, der WHO, der FAO und anderen internationalen Organisationen nachlesen kann und etliche Wissenschaftler und andere Experten immer wieder darauf hinweisen. In Deutschland blickt eine besonders große Mehrheit verzagt in die Zukunft. Bei einer Umfrage im Jahr 2016 wussten nur acht Prozent der Deutschen, dass der Anteil absolut Armer an der Weltbevölkerung gesunken ist.

Woher kommt diese Ignoranz? Sind es die Medien, die uns mit schlechten Nachrichten überschütten und die guten weglassen? Seit ich in den 1990er-Jahren begann, über diese Themen zu recherchieren, fiel mir auf, dass zwar jedes englischsprachige Weltuntergangsbuch in Deutschland sofort einen Verlag findet. Bücher jedoch, die die Fehlprognosen der Apokalyptiker widerlegen, erscheinen meist nicht auf Deutsch – sogar dann, wenn sie in Amerika Bestseller wurden. Ein Nicht-wissen-Wollen aus Bequemlichkeit hat sich breitgemacht. Denn wo keine Hoffnung ist und keine gute Zukunft erkennbar, da kann man sowieso nichts machen. Man bleibt im Fernsehsessel sitzen, blickt auf das Elend der Welt und ist fein raus. Vielleicht ist das typisch für wohlhabende, alternde Gesellschaften, dass sie nicht mehr viel von der Zukunft erwarten. So wie verbitterte Greise sich räsonierend zurückziehen. Seltsamerweise gilt diese Haltung hierzulande als »kritisches Bewusstsein«. Wenn ich auf Fortschritte und erfreuliche Erfolge der Menschheit aufmerksam machte, stand immer jemand auf, der mir vorwarf, ich wolle das irdische Jammertal schönreden. Eigentlich hätte meiner Generation auffallen müssen, dass der erwartete Niedergang nicht stattfand und die apokalyptischen Propheten verlässlich falsch lagen, was ihr Ansehen jedoch nicht schmälerte. Eine »Ethik der ständigen Bevorzugung negativer Prognosen«, kritisierte bereits in den 1980er-Jahren der Philosoph Hans Blumenberg. Er warf den populären Unheilspropheten »Weltmuffelei«, »Heilbringerpose« und »Hochstapelei« vor. David Ben-Gurion, Staatsgründer Israels, brachte das Dilemma der Fehlprognosen in zwei Sätzen auf den Punkt: »Alle Experten sind Experten der Vergangenheit. Zukunftsexperten gibt es nicht«.

Während viele Menschen gebannt die Öko-Apokalypse erwarteten, sah die tatsächlich welterschütternden Disruptionen niemand voraus. Bevor 2020 ein Virus aus China große Teile des öffentlichen Lebens über fast drei Jahre lahmlegte und Millionen Tote forderte, war die Bedrohung durch Pandemien nur in Expertenkreisen ein Thema. In Deutschland stand stattdessen die Klimaerwärmung im Mittelpunkt öffentlicher Aufmerksamkeit. Den Zusammenbruch des sowjetischen Kommunismus und des gesamten Ostblocks hielt fast niemand für möglich, bevor es geschah. Und den Fall der Berliner Mauer erwartete noch einen Tag zuvor kein westlicher Politiker. Die Anschläge vom 11. September 2001 kamen für Zukunftsforscher und alle anderen völlig überraschend. Wie Heimcomputer, Internet und Smartphone die Wirtschaft und unser aller Leben umkrempeln, wurde erst richtig wahrgenommen, als diese Innovationen schon eine ganze Weile existierten. Stattdessen sagten die meistzitierten Zukunftsszenarien in den 1960er- und 1970er-Jahren gewaltige Hungersnöte mit Millionen Toten voraus. Sie traten nicht ein, weil es dem Agrarwissenschaftler Norman Borlaug und seinem Forscherteam gelang, durch intelligente Züchtung die Erträge von Mais, Reis und Weizen drastisch zu steigern. Das nannte man damals »Grüne Revolution«, vielleicht der größte humanitäre Fortschritt meiner Lebzeiten.

Während ich diesen Brief schreibe, wächst erstmals seit Jahrzehnten wieder die Wahrscheinlichkeit, dass Hunger und Armut tatsächlich zunehmen – und nicht nur im trüben Weltbild deutscher Medienkonsumenten. Putins Krieg gegen die Ukraine verminderte die Ernten in zwei der größten Getreide produzierenden Länder und zerstörte Transportwege. Kriegsbedingter Mangel an Öl, Gas und Düngemitteln könnte die globale Nahrungsmittelversorgung gefährden. Ob es so kommt, wird durch die Dauer des Krieges bestimmt. Sucht nach den Fakten und misstraut den Prognosen! Fast immer projizieren sie die Probleme der Gegenwart in die Zukunft, als sei die Menschheitsentwicklung ein gerader Pfad. Die Zukunft bleibt jedoch offen und ist voller Überraschungen. »Die Ergebnisse der Zukunftsforschung«, sagte der Soziologe Richard Sennett, »nehmen sich aus wie eine Perlenkette von Irrtümern.« Lasst euch also von der deutschen Angstverliebtheit nicht anstecken. Wer behauptet, dass alles immer nur schlechter werde, hat sich schlecht informiert. Ihr habt eine gute Chance, einmal in einer Welt ohne Hunger und extremer Armut zu leben. Das gab es in der Menschheitsgeschichte noch nie.

Euer Papa

6

Vergangenheit

Liebe Amelie, lieber Moritz,

vermutlich hat es euch genervt, wie oft ich, als ihr älter wurdet, auf das Thema Nationalsozialismus zu sprechen kam. Das hatte Gründe. Ich wurde elf Jahre nach dem Zweiten Weltkrieg geboren. Im Alter von zwölf begann ich langsam zu begreifen, dass dieser Krieg mehr als ein Krieg war, in dem Soldaten verfeindeter Länder aufeinander schossen. Sondern dass Deutsche während dieses Krieges im Hinterland die Juden Europas, sowjetische Kriegsgefangene und andere, denen man das Menschsein absprach, massenweise ermordeten. Circa 200.000 Deutsche und Österreicher haben als Schreibtischtäter oder Vollstrecker die Mordaktionen ausgeführt. 6.500 wurden nach 1945 dafür verurteilt. Ich bin also in einer Zeit aufgewachsen, in der Zehntausende Massenmörder als »brave Bürger« unbehelligt in der BRD, der DDR und Österreich lebten.

Später fragte ich mich, ob mein Vater als junger Wehrmachtssoldat vielleicht auch an solchen Taten beteiligt gewesen sein könnte. Ich fragte ihn (aus meiner heutigen Sicht viel zu oberflächlich) und erkundigte mich nach seinem Tod beim Bundesarchiv in Ludwigsburg und beim Archiv der Stasi-Unterlagen-Behörde. Zu meiner Erleichterung ergaben sich für das Panzer-Regiment, in dem er als Funker diente, keine Hinweise auf Teilnahme an Verbrechen.

Im Laufe meines Lebens änderte sich der Umgang mit

der deutschen Vergangenheit fundamental. Mutige und beharrliche Menschen brachen das verstockte Schweigen der Nachkriegszeit auf. Es dauerte drei Jahrzehnte, bis eine Mehrheit das akzeptierte.

Das Wort »Politik« war mir wahrscheinlich noch unbekannt, aber den Namen Willy Brandt kannte ich schon, als ich 1961 mit fünf Jahren auf den Schultern meines Vaters zum ersten Mal an einer politischen Versammlung teilnahm. Die SPD hatte im Bundestagswahlkampf zu einer Großkundgebung in Frankfurt auf der Bertramswiese aufgerufen. Es sprach Kanzlerkandidat Willy Brandt. Ein Kandidat, der sich damals dafür rechtfertigen musste, vor den Nazis nach Norwegen geflüchtet zu sein. Konservative Politiker wie Franz Josef Strauß stellten Brandts Emigration als Verrat am Vaterland dar.

Erst 1963 gelang es dem hessischen Generalstaatsanwalt Fritz Bauer, einige Mörder für ihre Taten in Auschwitz vor Gericht zu bringen. Noch in den 1970er-Jahren hörte ich von älteren Leuten Sprüche wie »Euch hat man vergessen zu vergasen«, »Wir brauchen mal wieder einen Hitler«. Das war damals nichts Besonderes. Irgendwann Mitte der 1960er-Jahre saß ich abends allein vorm Fernseher im Wohnzimmer meiner Eltern und sah – vermutlich im Zusammenhang mit der Berichterstattung über NS-Prozesse – die Leichenberge, die amerikanische Armee-Filmteams nach der Befreiung des Lagers Bergen-Belsen dokumentiert hatten. Seither ist kein Tag vergangen, an dem ich nicht in irgendeinem Zusammenhang an diese Verbrechen gedacht habe. Alles kann ein Auslöser sein: ein Ortsschild, ein Güterwaggon, ein alter Schlager, ein Name, ein Satz in einem Roman. Vermutlich geht es manchen anderen meiner Generation ebenfalls so. Das Verbrechen, das elf Jahre vor meiner Geburt durch den Sieg der Alliierten beendet wurde, war ein Leben lang präsent, wie ein Fluch im Märchen, den der Verfluchte nie loswird.

Der öffentliche Umgang mit den deutschen Taten hat sich seit meiner Kindheit stark gewandelt. Es begann mit Schweigen. Was konkret geschehen war, wollte kaum jemand wissen. Der wahnsinnige Hitler hatte das deutsche Volk verführt, war die gängige Erzählung, die ich aus dem Munde von Erwachsenen hörte. Gelegentlich wurde das Leiden der Deutschen durch den Bombenkrieg und die Vertreibungen aus Polen und der Tschechoslowakei erwähnt. Der Krieg war furchtbar, so etwas soll nie wieder geschehen, hörte ich oft. Die Juden kamen nicht vor.

Als dann das Fernsehen öfter über Prozesse gegen NS-Mörder berichtete, Auschwitz ein allgemein bekannter Begriff wurde und man in der Tagesschau Eichmann als Angeklagten in Jerusalem sah, war die häufigste Reaktion: Jetzt reicht es aber. Irgendwann muss mal Schluss sein. Was hat es für einen Sinn, jetzt noch nach Schuldigen zu suchen?

Meine befreundeten Altersgenossen und ich kamen uns in unserer Anti-Nazi-Haltung moralisch überlegen vor. Doch wirklich befasst mit den konkreten Taten haben sich die wenigsten von uns (auch ich erst viel später). Stattdessen nannten wir jeden großmäulig einen Nazi, der uns irgendwie autoritär kam, vom Hausmeister bis zum Fahrkartenkontrolleur. Aus meiner heutigen Sicht war auch dies eine Form der Verdrängung, denn eine gründliche Beschäftigung mit dem Geschehenen ist schwer zu ertragen. Lieber befassten wir uns damals mit dem Vietnamkrieg der Amerikaner.

Amerikaner waren es, denen es später doch noch gelang, eine größere Zahl von Deutschen zum Hinsehen zu bewegen. 1979 wurde die TV-Serie »Holocaust« in mehreren dritten Programmen der ARD ausgestrahlt. Es war die Geschichte der Verfolgung und Ermordung der europäischen Juden, verpackt in das Schicksal einer Berliner Arztfamilie, die den gängigen dramaturgischen Regeln von TV-Familienserien folgte. Zwanzig Millionen Westdeutsche, etwa die Hälfte der erwachsenen Bevölkerung, sahen mindestens eine der vier Folgen. Wie ungeheuer die Wirkung war, sieht man schon daran, dass sich seither das vorher im Deutschen unbekannte Wort »Holocaust« für den Völkermord an den europäischen Juden etablierte. Anders in der DDR. Dort wurde der Völkermord an den Juden als Nebenaspekt des Faschismus behandelt. In den offiziellen Gedenkstätten Buchenwald und Sachsenhausen, die ich damals besuchte, standen kommunistische Helden im Rampenlicht. Was in den Konzentrationslagern mit den Juden geschah, wurde lediglich am Rande vermerkt. Die deutschen Vernichtungslager im besetzten Polen, in denen Millionen ermordet wurden, standen nie im Fokus der offiziellen DDR-Geschichtspolitik.

Im Westdeutschland der 1980er-Jahre veränderte sich der öffentliche Blick auf die NS-Vergangenheit erneut. Es erschienen immer mehr Bücher und TV-Dokumentationen, das Thema war nun Schulstoff, Gedenkorte wurden eingeweiht, Zeitzeugen gehört, und auch ich fing an, mich genauer damit zu befassen, was damals stattgefunden hat. So ist es seither mehr oder weniger geblieben. Manchmal habe ich heute jedoch das Gefühl, Gedenktage und Gedenkveranstaltungen verkümmern zum bloßen Ritual, zu einer Konvention, der man gedankenlos folgt. Wie wird es weitergehen, wenn die letzten Überlebenden (die, die als Kinder in den Lagern waren) verstorben sind? Ich vermute, der Fluch des Verbrechens wird nie vergehen. So wie auch heute noch jeder, der einen Nachfahren der Azteken trifft, unwillkürlich an die grausamen Kulte dieser untergegangenen Kultur denkt. So werden die Taten des 20. Jahrhunderts und der Name Hitler noch lange an jedem Deutschen haften. Ihr könnt dafür nichts. Aber vermutlich ist es besser, sich für dieses furchtbare Erbe nicht selbst zu bedauern, sondern sich damit zu befassen, um daraus zu lernen. Damit Gedenken nicht zur Konvention wird.

Euer Papa

7

Familie

Liebe Amelie, lieber Moritz,

die meisten Eltern haben ein schlechtes Gewissen, wenn sie auseinandergehen. Auch ich hätte euch das gern erspart und hoffe, dass ihr damals schon alt genug wart, um zu verstehen, dass eine Trennung manchmal der bessere Weg sein kann.

Die traditionelle Familie wird von vielen Menschen nach wie vor mit einem Glorienschein umgeben, obwohl jeder weiß, dass mehr als ein Drittel aller Ehen geschieden wird und die übrigen Paare häufig nicht aus Liebe zusammenbleiben, sondern aus Gewohnheit, Angst vor Veränderung oder materiellen Zwängen. Ist Scheidung immer eine Lebenskatastrophe oder vielleicht auch ein Zeichen von Freiheit, insbesondere für die Frauen, die früher durch wirtschaftliche Abhängigkeit lebenslänglich an den Ehemann gefesselt waren? Sicher ist, Kinder leiden immer, wenn die Eltern sich trennen.

In meiner Jugend war Familiengründung kein Lebensziel meiner Feunde und mir. Auch die eigene Herkunftsfamilie stand bei uns nicht hoch im Kurs. Nichts wie raus! Wir hatten fast alle das Ziel, unsere Elternhäuser möglichst bald zu verlassen und so zu leben, wie es uns passte. Die ersten, die in Wohngemeinschaften zogen, wurden bewundert, und die anderen beeilten sich, ihnen nachzueifern. Familie war für uns ein muffiger Käfig aus dauernden Ermahnungen und kleinkarierten Verboten. Wenige hatten ein gutes Verhältnis zu ihren Eltern. Bei den meisten gab es zu Hause ständig Krach. Die Skepsis gegenüber Familie blieb bei vielen im späteren Leben bestehen. Etwa die Hälfte meiner Freundinnen und Freunde aus der Schulzeit entschied sich dagegen, selbst Eltern zu werden.

Heute ist das anders. 2022 fand eine große Zeitung es besorgniserregend, dass sich laut einer Studie neun Prozent der jüngeren Deutschen von der Mutter und 20 Prozent vom Vater entfremdet haben. Als familiär entfremdet bezeichneten die Wissenschaftlerinnen Menschen, die ihren Eltern emotional nicht nahestehen und weniger als einmal im Monat Kontakt mit ihnen haben. Ich kenne keine Studie dieser Art aus meiner Jugend, bin mir aber recht sicher, dass es damals wesentlich mehr Jugendliche und junge Erwachsene gab, die ständig im Streit mit ihren Eltern lagen oder den Kontakt abgebrochen hatten.

Der Generationenkonflikt war vermutlich lange nicht mehr so milde wie heute. In den meisten Familien, die ich kenne, verstehen sich Eltern und Kinder gut. Lehrer berichten, dass Jugendliche zumeist die Ansichten und Wertvorstellungen ihrer Väter und Mütter teilen. Junge Erwachsene verlassen ihr Elternhaus später, um selbstständig zu werden. 2019 betrug das Durchschnittsalter beim Auszug 23 Jahre. Ein Viertel der 25-Jährigen wohnte noch im elterlichen Heim.

Ist das eine gute oder eine schlechte Nachricht? Dass weniger gestritten wird und man sich wechselseitig akzeptiert, ist erfreulich. Aber ob es der Entwicklung eines Menschen guttut, über ein Viertel des Lebens bei den Eltern zu verbringen, ist fraglich. Zu meiner Freude seid ihr keine Nesthocker geworden. Außer bei Adeligen und sehr privilegierten Eliten mussten junge Menschen in früheren Zeiten selbst für ihren Lebensunterhalt sorgen, sobald sie dazu fähig waren. In der Generation meiner Eltern endete die Obhut meist mit Beginn der Lehrzeit, also mit 14 Jahren. In dem Buch »Die Geschichte der Kindheit« schreibt der Historiker Philippe Ariès, dass die Vorstellung von Jugend als einer eigenen Lebensphase zwischen Kindheit und Erwachsensein erst im 19. Jahrhundert aufkam.

Der Glaube an das Konzept Familie blieb indes unerschütterlich. Er bildet den Kern konservativen Denkens und wird auch von Linken und Liberalen selten infrage gestellt. Was als Familie angesehen wird, änderte sich jedoch im Laufe der Geschichte immer wieder – auch in jüngster Vergangenheit. Ganz unterschiedliche Modelle existieren nebeneinander. Manche Einwanderer fühlen sich als Teil einer Großfamilie oder Sippe, wie es früher auch in Deutschland üblich war. Sie pflegen enge Bande zu Cousins und Cousinen, Onkeln und Tanten und noch weitläufigeren Angehörigen, deren Verwandtschaftsgrad für die meisten Deutschstämmigen keine Bedeutung mehr hat. Andererseits gelten auch Mütter oder Väter, die allein Kinder großziehen, mittlerweile als normale Familie. Was in meiner Kindheit eine seltene Ausnahme war, die Bedauern, aber auch Verachtung und Diskriminierung hervorrief. Auch gleichgeschlechtliche Paare mit Kindern wurden mittlerweile als Familie anerkannt. Ein Paar aus meinem Bekanntenkreis besteht aus zwei Männern sehr unterschiedlicher sprachlicher und nationaler Herkunft. Im Vergleich zu konventionelleren Verbindungen hält diese Ehe nicht nur außerordentlich lang, die beiden wirken auch nach wie vor glücklich miteinander – was man über viele Langzeitbeziehungen leider nicht behaupten kann.

Familien können Halt und Sicherheit geben. Sie können ihre Mitglieder aber auch einschränken, unmündig und abhängig halten. Im Lauf meines Lebens habe ich mehr Menschen kennengelernt, die an ihrer Familie leiden und ein belastendes Verhältnis zu ihren Verwandten haben, als umgekehrt solche, die sich durch ihre Familie verstanden und gestärkt fühlen. Das mag Zufall sein oder typisch für meine Generation. Ich weiß es nicht. Wie dem auch sei, es führte bei mir zu einem distanzierten Blick auf die Idealisierung der Familie.

Dem Familienideal der Kirchen und der Konservativen habe ich immer misstraut und sah darin eine geschönte Fassade, hinter der sich nicht selten Leid und Machtmissbrauch verbergen. Manche Indikatoren für den angeblichen Verfall der zwischenmenschlichen Beziehungen sind mit Vorsicht zu genießen, zum Beispiel die Scheidungsquote. Sie stieg von 10,7 im Jahr 1960 auf 51,9 Prozent 2005 und sank bis 2020 wieder auf 38,5 Prozent. Aber beweist dies, dass es 1960 mehr glückliche Ehen gab? Eher drückt sich darin wirtschaftliche Abhängigkeit aus. Frauen blieben beim Mann, auch wenn sie ihn insgeheim hassten

Jeder wünscht sich ein warmes Nest, doch die verwandtschaftliche Traditionsgemeinschaft schränkt die Freiheit des Einzelnen oftmals unerbittlicher ein, als es staatliche Institutionen tun. Wer sein eigenes Ding machen will und dabei von den Normen seiner Sippe abweicht, hat es schwer. Kurt Tucholsky machte einst auf den Doppelsinn des Wortes »Familienbande« aufmerksam.

Überall, wo sich Menschen auf den Staat verlassen können, verlieren die ungeschriebenen Gesetze von Familien, Sippen und Clans an Macht und Bedeutung. Für die Individuen bedeutete dies mehr Freiheit. Dass heute unverheiratete Mütter, Homosexuelle und andere, die von der Vater-Mutter-Kind-Norm abweichen, wesentlich weniger diskriminiert werden als vor einem halben Jahrhundert, hat auch mit der von Konservativen viel bejammerten »Entwurzelung« zu tun. Andererseits wirkt die Erosion traditioneller Verbote verunsichernd auf viele Menschen. Für sich selbst Verantwortung zu übernehmen, ist unbequem. Ständig Entscheidungen treffen zu müssen, strengt an. Das viel zitierte »Unbehagen an der Moderne« (Charles Taylor) ist der Preis der Freiheit. Die reinste Form eines familiären Traditionskollektivs, das seine Regeln gegen Staat und Gesellschaft verteidigt, ist die Mafia. Menschen, die ihr angehören, sind behütet, geschützt und sozial abgesichert. Sie sind jedoch nicht frei, sondern Untertanen eines Familienfaschismus, der Abweichung mit dem Tode bestraft. Ein liberaler Mafioso wäre ein Widerspruch in sich, denn Misstrauen gegenüber der Macht ist das Wesen des Liberalismus, egal ob diese Macht vom Staat, von Monopolen oder Traditionsgemeinschaften ausgeübt wird.

»Die Freiheit innerhalb einer Gesellschaft«, schrieb Mario Vargas Llosa, »bemisst sich am Grad der Autonomie, welche die Bürger in der Gestaltung ihres Lebens und in der Verwirklichung ihrer persönlichen Ziele genießen«. Diese Autonomie wird nicht nur von Religionen, Nationalismen und anderen Ideologien bedroht, sondern auch von den gefühlvollen, kuscheligen Familienwerten, die viele Konservative für das Maß aller Dinge halten.

Wie es weitergeht, bleibt spannend. Sogenannte Patchwork-Familien, in denen ein Paar seine Kinder aus früheren Ehen plus gemeinsamen Nachwuchs versorgt, sind keine Seltenheit mehr. Seit ein paar Jahren kann man lesen, dass auch »Co-Parenting« ein attraktives Modell sei. Zwei Menschen verabreden sich, Eltern zu werden – in aller Freundschaft, ohne Liebesbeziehung, ohne Sex. Womöglich ist das leichter und konfliktärmer zu verwirklichen als eine klassische Ehe plus Elternschaft, die alle Bedürfnisse unter einen Hut bringen will.

Die Mitte des 20. Jahrhunderts möglich gewordene Trennung von Sex und Fortpflanzung war eine der größten Revolutionen der Menschheitsgeschichte. Deren Schockwellen werden noch lange wirken und vieles verändern. Die Menschheit beginnt erst langsam, ihre traditionellen Geschlechterbeziehungen den neuen Voraussetzungen anzupassen. Wir fremdeln noch damit. Viele unserer Vorstellungen und Wünsche sind evolutionär und kulturell weiterhin von der Jahrtausende alten Fügung geprägt, dass Sexualität unausweichlich mit Mutterschaft gekoppelt ist. Und mit Vaterschaft – sofern der Mann sich nicht aus dem Staub macht. Die gute Nachricht: Ihr könnt aus mehr Partnerschafts- und Familienmodellen wählen als jede Generation vor euch.

Euer Papa

8

Essen

Liebe Amelie, lieber Moritz,

Bulgur-Bowl, Veggie-Burger, Hummus, Pinsa, Muffins und Brownies: Als ich so alt war wie ihr, kannte ich das alles nicht. Im Laufe meines Lebens explodierte das Angebot an Lebensmitteln. Alle paar Jahrzehnte wechselten die Meinungen, was man essen sollte und was nicht, was man als gutes und gesundes Essen betrachtete. Im Gegensatz zu allen früheren Generationen war jedoch immer dafür gesorgt, dass es genug zu essen gab. Echten Hunger habe ich nur einmal ganz kurz kennengelernt. Als ich von zu Hause abgehauen war, kein Geld hatte und noch keinen Job gefunden. Doch das hatte ich mir selbst eingebrockt, aus Stolz, Trotz und Rebellion. Hunger als Schicksal kennt meine Generation nicht. Wir konnten uns leisten, Vorlieben zu entwickeln und Speisen abzulehnen, die uns nicht schmeckten.

Im Laufe meines Lebens hat sich das kulinarische Angebot ausgeweitet wie selten zuvor. Es kamen immer neue Lebensmittel hinzu, die Küche wurde feiner und ideenreicher, die Restaurants immer internationaler, und von allem gab es immer mehr. Das Angebot der Milchgeschäfte, Kolonialwarenläden (diese Bezeichnung überdauerte die deutsche Kolonialzeit bis in die 1960er-Jahre), Metzgereien und Bäckereien meiner Kindheit wirkt aus heutiger Sicht armselig. Doch ich empfand das nicht als Mangel, denn ich wusste ja nicht, was alles noch kommen und welche Vielfalt ein Supermarkt im 21. Jahrhundert bereithalten würde. Manche Früchte, die heute an jedem Obststand angeboten werden, kannte ich als Kind nur aus Büchern über Abenteuer in fernen Ländern. Als ich als Neunjähriger mit meinen Eltern nach Italien reiste, kostete ich zum ersten Mal eine Wassermelone. Eine Frucht, die ich zuvor nur aus amerikanischen TV-Serien kannte. Die erste Nektarine probierte ich 1977 in San Francisco und die erste Mango ein Jahr später in Tansania.

Wie der Wohlstand die Sprache veränderte, zeigt das Wort »Ernährungssicherheit«. In meiner Kindheit bedeutete es, dass genügend Nahrungsvorräte vorhanden waren. Die Hungerjahre des Krieges und der Nachkriegszeit waren noch präsent. Später, als die Gefahr von Mangel in Vergessenheit geriet, verstand man darunter, dass Lebensmittel »sicher« sein sollen – gemeint war frei von irgendwelchen Schadstoffen. Im Jahr 2022 drohte durch die kriegsbedingten Ernteausfälle in der Ukraine und Russland eine weltweite Nahrungskrise. Plötzlich hörte man das Wort in den Nachrichten wieder in seiner alten Bedeutung.

Wie einfach selbst die »feine Küche« damals war, kann ich gut beurteilen, denn die Firma, in der mein Vater arbeitete, ermunterte ihre leitenden Angestellten, wichtige Geschäftspartner mit Familie einzuladen und dazu auch die eigene Familie mitzunehmen. So lernte ich als Kind kennen, was die gehobene Gastronomie servierte. Cordon bleu galt als ein Gipfel der Raffinesse und ein paar Scheiben Lachs mit Toast und Butter als superbe Vorspeise (wobei man wissen muss, dass es noch keinen Zuchtlachs gab und dieser Fisch daher sehr teuer war). »Unser wichtigstes Werkzeug war der Dosenöffner«, erinnerte sich der Spitzenkoch Hans-Peter Wodarz 2021 in einem Interview der Zeitschrift *Effilee* an die feine Küche der 1960er-Jahre,

»wir haben sogar in der Spargelzeit Dosen aufgemacht.«

Im Laufe meines Lebens gab es fünf große Wandlungen der Esskultur: die Internationalisierung der 1970er-Jahre, die Diätwelle der 1980er-Jahre, Angst vor Schadstoffen im Essen beherrschte die 1990er-Jahre, gleichzeitig begann ein neuer Kult um exquisite Kochkunst. Schließlich begann in den 2000er-Jahren die bis heute anhaltende Moralisierung und Ideologisierung des Essens.

Die Internationalisierung war eine Folge zunehmender deutscher Reiselust in Kombination mit der wachsenden Zahl der »Gastarbeiter«, wie die Arbeitsmigranten damals genannt wurden. In der Stadt, in der ich wohnte, eröffneten zunächst Jugoslawen erste Grillrestaurants, es folgten italienische Pizzerien, bald auch Spanier, Griechen und Chinesen. Wurden italienische Arbeiter ein paar Jahre zuvor noch als »Spaghettifresser« beleidigt, so gehörten schon bald mediterrane Nudelgerichte zum Standardrepertoire deutscher Hausfrauen – doch leider nicht meiner Mutter.

Nach heutiger postkolonialer Lehre war die Übernahme fremdländischer Kochkunst eine »kulturelle Aneignung«. Glücklicherweise hat das damals niemanden interessiert. Der deutschen Küche tat es gut, und keinem Italiener oder Chinesen wurde etwas weggenommen. Identitärer Kult um die regionale Herkunft des Essens ist ohnehin ebenso blödsinnig wie die Reinhaltung der Sprache oder der Musik. Esskulturen vermischen sich seit Jahrtausenden. Meist wird der Mix nach einiger Zeit als »authentisch regional« wahrgenommen.

Doch zurück in die Mitte des 20. Jahrhunderts. Der unschuldige Genuss währte nicht lang, da wurde er schon von der Diätwelle verdorben. Plötzlich fühlten sich alle zu dick. Statt zu schlemmen, waren nun kleine Portionen, leichte Kost und Salat angesagt. In der Werbung war nicht mehr davon die Rede, dass in Fertigprodukten besonders viel »gute Butter« oder »ein Löffel Sahne extra« enthalten sei. Stattdessen hob die Reklame hervor, dass besonders wenig von diesen »Dickmachern« drin sind und alles »kalorienarm« sei. Das Wort »light« war Deutschen mit Englischkenntnissen zuvor als die Übersetzung von »Licht« bekannt. Jetzt tauchte es überall auf in seiner zweiten Bedeutung als »leicht« im Sinne von »nicht dickmachend«. Die vielen Light-Produkte, die bald auf den Markt kamen, waren mit Wasser verdünnt oder mit Stickstoff aufgeschäumt. So konnten die Hersteller weniger Substanz zu höheren Preisen an die Kunden bringen. Ein wissenschaftlicher Beleg, dass der Konsum von Light-Produkten vor Verfettung schützt, wurde nie erbracht. Der Schlankheitskult überdauerte die Jahrzehnte. Auch heute noch quälen sich viele Menschen mit Diäten und lassen sich von den Ratschlägen zahlloser Ernährungsexpertinnen den Appetit verderben. Doch es blieb nicht bei Kalorienverzicht. Weitere Wendungen der Essenskultur kamen hinzu.

Die 1990er-Jahre brachten das große Misstrauen gegen die Hersteller und Verarbeiter von Lebensmitteln. Immer wieder entdeckten Öko-Aktivisten und Journalisten schädliche oder scheinbar schädliche Substanzen in so ziemlich allen Produkten vom Ei bis zum Mineralwasser. Jede Zeitschrift hatte in fast jeder Ausgabe einen Test und dramatisierte die gesundheitlich meist irrelevanten Ergebnisse. Die Magazine, bei denen ich arbeitete, machten dabei munter mit. Im Fokus standen Reste von Pflanzenschutzmitteln. Gesundheitsbehörden und wissenschaftliche Institute beteuerten, dass in Deutschland noch nie jemand erkrankt oder gestorben sei an den Überbleibseln von Pestiziden, die gelegentlich an Obst und Gemüse zurückbleiben. Doch das nützte nichts. Immer mehr Menschen fürchteten sich vor Vergiftung. Jahrelang löste ein vermeintlicher Lebensmittelskandal den nächsten ab. Irgendwann waren Leserinnen, TV-Zuschauer und Journalisten von den immer gleichen Geschichten ermüdet und verlagerten ihr Interesse auf andere Ärgernisse.

Als Reaktion auf die Vergiftungsangst entwickelte sich eine Nachfrage nach speziellen Nahrungsmitteln, die den Ruf hatten, besonders gesund zu sein. Es begann in den späten 1970er-Jahren mit der Müsliwelle und führte im Lauf der Zeit zu einem Milliardenmarkt für Bio-Produkte. Einen ähnlichen Trend hatte es schon Anfang des 20. Jahrhunderts gegeben. Doch die Reformhäuser, die in dieser Tradition standen, erreichten nie so viele Kunden wie die neuen Bio-Supermärkte.

Was das Etikett »Bio« bedeutet, welche Verfahren in einem Bio-Betrieb anders sind als in der modernen Landwirtschaft, wissen laut einer Umfrage der *taz* die wenigsten Käuferinnen und Käufer. Dass ausgerechnet Bio-Salatsprossen die größte Lebensmittelkatastrophe in der Bundesrepublik auslösten, wurde schnell vergessen. Im Jahr 2011 starben 53 Menschen an bakterienverseuchten Bio-Salatsprossen, Hunderte erlitten ein lebensgefährliches Nierenversagen. Doch am guten Ruf der Bio-Produkte änderte dies nichts.

Landwirtschaft war ein Thema, mit dem ich mich als Journalist, Autor und Filmemacher häufig befasste. Ich hatte die Möglichkeit, zahlreiche Betriebe zu besuchen, mit Landwirten und wissenschaftlichen Experten zu sprechen. So bekam meine anfängliche Begeisterung für die Bio-Landwirtschaft Risse. Ich sah die Kehrseiten: schlechtere Arbeitsbedingungen, hoher Flächenverbrauch, sorgloser Umgang mit Bio-Pestiziden und andere Nachteile. Mit der Zeit kam ich zu der Überzeugung, dass die gängige

Sichtweise »Bio gut – Konventionell böse« nicht der Realität entspricht. Bei vielen Konsumenten insbesondere aus der akademischen Mittelschicht hält sich das Schwarz-Weiß-Bild jedoch bis heute.

Im gleichen Jahrzehnt, in dem so viele Menschen Angst vor dem Essen bekamen und »Bio« als Rettung begrüßten, entstand parallel eine neue Feinschmeckerkultur. Bücher, Magazine und später auch Dutzende Kochsendungen im Fernsehen präsentierten immer raffiniertere Leckereien. Das Bürgertum strömte in edle Restaurants, die zu kennen bald den gleichen Statuswert hatte wie ein Opernabonnement.

Einige Jahre später nahm das Thema Essen nochmals eine andere Wendung. Es blieb die Angst vor Übergewicht, auch die Furcht vor Schadstoffen oder Allergenen grassiert bis heute. Hinzu kam eine neue moralische Haltung gegenüber dem Essen. Was man essen darf oder essen sollte, wird nun häufig nach rigiden Moralkriterien beurteilt. Wer Fleisch- und Milchprodukte isst, muss damit rechnen, als »Tiermörder« angesehen zu werden. Wer nicht hundertprozentig »Bio« einkauft, versündigt sich in manchen Augen gegenüber dem Planeten.

Wenn ich in den 2020er-Jahren mit Freunden ins Restaurant gehe, stoßen öfters gleiche mehrere Ernährungslehren aufeinander. Selten sagt noch einer: »Ich esse alles.« Im 20. Jahrhundert lernte ich Rücksicht zu nehmen auf Diabetiker und die Speisevorschriften gläubiger Juden und Muslime. Heute hat sich Zahl diverser Unverträglichkeiten und Nahrungstabus vervielfacht, und die moralischen Urteile wurden unerbittlicher. Marketingleute und Werbeagenturen sind auf den Trend aufgesprungen und gefallen sich als Missionare für Bio-Kost und Veganismus. Im Januar 2022 verschickte der Energiekonzern Vattenfall einen

Aufruf an seine Angestellten, im Rahmen einer »Neujahrs-Challenge« fleischlos zu essen.

Mich erinnert das ideologische Theater ums Essen an den Dogmatismus linker Jugendsekten in den 1970er-Jahren. Nur dass die Weltanschauung heute nicht mehr durch die Auswahl der Bücher im Regal und der Plakate an der Wand signalisiert wird, sondern auf dem Teller. Das Essen ist zur Selbstvergewisserung geworden, es definiert, wie man gesehen werden will und was man seinen Mitmenschen mitzuteilen hat. Ludwig Feuerbachs berühmter Satz, »Der Mensch ist, was er isst«, gilt mehr denn je – nur anders, als der Philosoph es meinte.

Warum ist es so gekommen? Im Prinzip sind weltanschauliche Nahrungstabus nichts Neues. Von den heiligen Kühen der Hindus bis zum freitäglichen Fisch der Katholiken gibt es kaum eine Religion, die nicht mit ein paar Essensvorschriften aufwartet. Das dient der Abgrenzung von den Ungläubigen. Wir sind die Besseren, deshalb essen wir anders! Wo es um Religion geht, ist das schlechte Gewissen nicht weit. In den 1950er-Jahren redeten Pfarrer und Lehrer Jugendlichen ein, Masturbation oder Sex vor der Ehe seien Sünden und würden von Gott bestraft. Heute schämen sich Menschen fürs Essen: Fett ist Sünde, Zucker frivol und McDonald's obszön. Ernährung dient mehr denn je der Identitätsstiftung. Ernährungslehren haben die Rolle politischer und religiöser Überzeugungen eingenommen. Während der eine nichts essen will, was von einem Tier stammt, will sich die andere von »inneren Schlacken« befreien, und ein dritter glaubt an Seligwerdung durch Frischkornbrei. Keine Frauenzeitschrift ohne eine neue Diät auf dem Titel, und in den Buchhandlungen wachsen die Regale mit Ratgebern zur bestmöglichen und moralisch einwandfreien Nahrungsaufnahme. Manche

Menschen betrachten ihre Verdauung als Selbstoptimierungsprojekt, an dem sie unentwegt arbeiten müssen. Die Diätindustrie wurde dadurch zu einem bedeutenden Wirtschaftszweig.

Wie wird es weitergehen? Das kann niemand voraussagen. Möglicherweise wird die auf Hochtouren laufende Entwicklung von Fleisch aus Stammzellen eine Nahrungsrevolution hervorbringen. Wenn dabei am Ende schmackhafte und bezahlbare Produkte entstehen, könnten irgendwann Viehhaltung und Schlachthäuser überflüssig werden. Ziemlich sicher wird der heute vorherrschende Zeitgeschmack morgen von neuen Ernährungstrends abgelöst. Wobei die Mode von gestern meist nicht ausstirbt, sondern weiter existiert und lediglich aus dem Fokus der Medien verschwindet. Schließlich gibt es auch heute noch Cordon bleu.

Euer Papa

9
Sex

Liebe Amelie, lieber Moritz,

mit seinen Eltern redet man nicht über Sex. Jedenfalls nicht über die eigenen Erlebnisse auf diesem Gebiet. Dieses alte Tabu ist durchaus sinnvoll. Denn Erwachsenwerden und Sexualität sind eng miteinander verbunden. Das erotische Erwachen ist Teil der Befreiung von den Eltern. Etwas Eigenes, bei dem Mütter und Väter nicht mehr mitzureden haben. Und deshalb weiß ich auch kaum etwas über euer Liebesleben. Meine Eindrücke von der sexuellen Kultur eurer Generation habe ich vornehmlich aus den Medien. Davon kann man erfahrungsgemäß nur die Hälfte glauben – aber welche Hälfte? Angeblich gibt es heute keine Tabus mehr beim Sex. Wirklich? Oder haben nur neue Hemmungen die alten abgelöst? Die allseits zur Schau getragene Lockerheit kommt mir manchmal recht verkrampft vor.

Gab es Ende der 1960er-Jahre eine sexuelle Revolution? Das wird oft behauptet, aber stimmt es auch? Ich bin nicht sicher. Fakt ist, dass damals verklemmte Sitten und Vorurteile aus der Adenauer-Ära radikal in Frage gestellt wurden. Aber war es eine Revolution im Sinne einer Emanzipation der Menschen aus sexuellen Nöten? Das wäre übertrieben.

Meine Pubertät fiel in diese Zeit. Folglich habe ich die Veränderungen auf diesem Gebiet höchst aufmerksam wahrgenommen. Vornehmlich fand die Revolution im

Journalismus und in der Werbung statt. Plötzlich waren Busen und Popos (später auch Genitalien) auf Zeitschriftenfotos nicht mehr mit schwarzen Balken überdruckt. Sexualaufklärung wurde ein großes Thema in allen Medien. In den Kinos liefen die Ratgeberfilme des freundlichen Humanisten Oswalt Kolle, der den Zuschauern geduldig erklärte, Sexualität sei keine Sünde. Die sozialliberale Koalition verabschiedete eine Reform des Sexualstrafrechts. Gesundheitsministerin Käte Strobel brachte einen »Sexualkundeatlas« für die Schulen heraus und den Aufklärungsfilm »Helga« ins Kino. Man sah immer mehr junge Pärchen in der Öffentlichkeit knutschen. 1970 erschien das legendäre Buch »Sexfront«, das ich mir sofort kaufte. Der Sozialwissenschaftler Günter Amendt ermutigte darin Jugendliche, Hemmungen abzulegen und körperliche Lust zu genießen. Sein Buch wurde über 400.000-mal verkauft und vermutlich noch häufiger verliehen. Vor der sozial-liberalen Strafrechtsreform war männliche Homosexualität kriminell. Ebenso wie »Kuppelei«, ein Delikt, das darin bestand, zwei unverheirateten Menschen ein Zimmer zu überlassen. Die gewaltigste Veränderung war jedoch ein Medikament, das »die Pille« genannt wurde. Seit Mitte der 1960er-Jahre auf dem Markt, ermöglichte es Frauen erstmals sichere Empfängnisverhütung.

Einiges änderte sich nachhaltig durch die sogenannte Sexwelle der späten 1960er- und frühen 1970er-Jahre. Pfarrer erzählten uns keine Schauergeschichten mehr über Masturbation. Den Generationen vor uns hatte man noch schreckliche Angst vor »Rückenmarksschwund« und anderen schlimmen Folgen eingetrichtert. Wir konnten bereits darüber lachen. Der jahrhundertealte misogyne Jungfräulichkeitskult fand ein Ende (niemand ahnte, dass er ein paar Jahre später durch muslimische Einwanderer wiederkehren würde). Mädchen verloren durch Geschlechtsverkehr nicht mehr ihre »Unschuld« und »Reinheit«, wie die Enthaltsamkeit einst verbrämt wurde. Niemand musste mehr bis zur Ehe warten, um das andere Geschlecht näher kennenzulernen.

Frauen wurden selbstbewusster und sprachen nun über ihr eigenes Verlangen. Dass viele meiner Mitschülerinnen zu einer Mädchengeneration gehörten, für die die neuen Freiheiten schon fast selbstverständlich waren, erwies sich als Rettung für einen in Liebesdingen schüchternen Jungen wie mich. Denn sie warteten nicht mehr mit gesenktem Blick darauf, dass man sie ansprach. Sie schnappten sich einfach die Jungs, die ihnen gefielen. Als Freundinnen waren sie viel aufregender als die Braven, die sich in die traditionelle Rolle fügten, keine eigene Meinung hatten und sich nur für Mode und Aussehen interessierten.

Mütter früherer Generationen hatten ihren Töchtern noch eingetrichtert, dass Frauen die Bedürfnisse ihres Ehemannes still erdulden sollten und keine eigenen haben dürfen. Diese Negierung des Weiblichen reichte bis in die Anatomie. Männer hatten ein Sexualorgan, Frauen nur eine Körperöffnung, um sie dem Mann zur Verfügung zu stellen. Die Vulva existierte ebenso wenig wie die Klitoris. Es ist unglaublich, aber erst 1998 wurde die anatomische Struktur der Klitoris von der australischen Urologin Helen O'Connell wiederentdeckt. Der deutsche Anatom Georg Ludwig Kobelt hatte zwar bereits im 19. Jahrhundert exakte Zeichnungen davon gemacht. Doch man eliminierte das weibliche Lustorgan aus den Lehrbüchern. Frauen sollten Objekt der männlichen Sexualität sein und kein eigenes Verlangen besitzen. Mittlerweile ist allgemein bekannt, dass es den wenigsten Frauen beim Sex genügt, was die feministische Journalistin Alice Schwarzer mit dem hässlichen Wort »Penetration« belegte. Seltsamerweise ist diese Sexualaufklärung bis heute nicht in der Filmbranche angekommen. Dort wird Sex immer noch unbeirrt als Rein-raus-Übung dargestellt. So gut wie immer verlaufen Erotik-Szenen im Spielfilm so: Sie blicken sich an, sie küssen sich, sie reißen sich die Kleider vom Leib, schreiten zum klassischen Geschlechtsverkehr, und nach kürzester Zeit mimt die Darstellerin einen vulkanhaften Höhepunkt.

Außerhalb der Filmdramaturgie wurden lustvollere Praktiken, die einst als pervers galten, vertrauter Teil des Liebesspiels. Niemand hörte mehr auf kirchliche Sittenwächter, die alles zur Sünde erklärten, was über die Penetration in Missionarsstellung und im Dunkeln hinausging. Ich kann mich an eine Fernsehreportage erinnern, in der Prostituierte berichteten, ältere, verheiratete Männer würden zu ihnen kommen, um einmal im Leben zu erfahren, wie sich Oralsex anfühlt. Und schließlich wurde die Homosexualität vom Stigma des Kriminellen befreit.

Waren nun alle frei und Deutschland ein Arkadien erotischer Hedonisten? Durchaus nicht. So schnell lassen sich Jahrhunderte frauenfeindlicher und bigotter Unterdrückung nicht ungeschehen machen. Und auch die dunklen Seiten der menschlichen Natur sorgten für die Weiterexistenz von Kummer und Frustration. All die gut gemeinten Filme, Bücher und Zeitungsartikel konnten Unsicherheit, Eifersucht, Gewalt, Besitzdenken, das Ausnützen von Macht, Liebeskummer, Einsamkeit, Missverständnisse und falsche Scham nicht aus der Welt schaffen. Das Sexleben blieb kompliziert. Wie schwer es ist »Freie Liebe« zu praktizieren, merkten wir zur Genüge in unseren jugendlichen Wohngemeinschaften. Beziehungsdramen waren an der Tagesordnung. Unter unserem demonstrativ lockeren Auftreten lugten immer wieder die alten Hemmungen hervor.

Dass die »Revolution« nicht nur mehr Selbstbestimmung ermöglichte, sondern auch neuen Formen der Kommerzialisierung und Ausbeutung sexueller Bedürfnisse den Weg bahnte, war bald überall zu sehen. Es gab Anfang der 1970er-Jahre kaum noch eine Reklame, die nicht mit sexy inszenierten jungen Frauen warb. Zeitungskioske wurden zu Busengalerien. Fast alle Magazine setzten darauf, mit erotisch posierenden Titelmodels ihre Auflage zu steigern. In den Innenstädten eröffneten sogenannte Sexshops, in den es zwar keinen Sex gab, dafür aber knallige Pornohefte und andere Produkte der Erotikindustrie.

Sind ein halbes Jahrhundert später die Menschen freier? Liebt nun jeder und jede, wie sie wollen und wen sie wollen? Man könnte es meinen: Polyamorie, Sexspielzeug, Sadomaso und skurrile Fetische gelten mittlerweile als »voll okay«. Unbestritten haben die alten Tabus Menschen unglücklich gemacht und ihnen Lebensfreude geraubt. Doch neue Tabus, gesellschaftliche Erwartungen und ungeschriebene Regeln wirken kaum weniger bedrückend. In der Tinder-Welt bestimmen Algorithmen, wer zusammenfindet. Die Schönheitsnormen haben sich verschärft. Marktgesetze bestimmen das Liebesleben mehr denn je. Schon immer hatten es die Schönen und Erfolgreichen leichter auf dem Beziehungsmarkt, doch in den Zeiten vor Privatfernsehen und Internet waren die Normen weniger unerbittlich. Es gab auch damals Frauen, die sehr viel Zeit und Mühe in ihr Aussehen investierten und gern posierten. Doch das war kein Massenphänomen und wurde meist belächelt. Heute achten auch Männer genau darauf, wie sie auf Fotos in den Social Media wirken. Statt zur Befreiung der Frauen vom Druck der Schönheitsnormen, kam es zur

Inklusion der Männer in den großen Beautycontest. Als Folge davon quälen sich Menschen damit, einerseits das eigne Aussehen unentwegt zu optimieren und andererseits mit dem Gedanken, ob in der Tinderwelt nicht ein perfekteres Liebesobjekt zu finden wäre. Bewusst oder unbewusst betrachtet man den gegenwärtigen Partner als Übergangslösung und Kompromiss.

Über Einsamkeit, vergebliche Suche nach einem Partner oder sexuelle Frustration wird heute ebenso peinlich geschwiegen wie einst über den Verlust der Jungfräulichkeit. Ein unglückliches oder nicht vorhandenes Sexualleben ist ein Makel, so stigmatisierend wie Armut. Besonders in Langzeitbeziehungen ist das Abklingen der erotischen Anziehung ein häufiges Problem, über das selten gesprochen wird. Alle geben sich super souverän: Sex hat man einfach, wenn man kein Verlierer sein will. Zu allem Unglück betrachten manche Sex auch noch als Leistungssport und bemühen sich um möglichst perfekte »Performance« im Bett. In den 1990er-Jahren kam die Unsitte auf, Liebesakte zu bewerten. Plötzlich gab es die Einteilung in »schlechten Sex« und »guten Sex«. Statt Liebesglück herrscht Leistungsdruck.

Die 2010er-Jahre brachten eine erneute Moralisierung und Verregelung der Sexualität mit sich, die von den Universitäten in die Gesellschaft getragen wurden. Was zuvor als Flirt galt, wurde nun als übergriffig und verbale Gewalt denunziert. Das hatte zum Teil gute Gründe, denn immer häufiger machten nun junge Frauen publik, wie Männer in Machtpositionen sie unter Druck setzten oder gar missbrauchten. Zur gleichen Zeit wurde die immer kompliziertere Ausdifferenzierung sexueller Identitäten ein großes Thema. Sie ist so umfangreich geworden, dass sie sich nur noch in Abkürzungen wie LGBTIQA+ fassen lässt.

Wird das neue Sex-Reglement euch eines Tages genauso muffig erscheinen wie das alte? Die sexuelle Befreiung sei »unglaublich rigide geworden«, sagt die Schweizer Philosophin Tove Soiland. »Auch das Sprachverhalten ist unglaublich rigide geworden. Wir können die Sexualität nicht erziehen, und wenn wir es versuchen, wird es gefährlich.« Erleben wir eine Wiederkehr der Prüderie? Kommt eine zweite sexuelle Revolution? Zum Glück kann jedes Liebespaar die Sache individuell für sich regeln.

Euer Papa

10

Körper

Liebe Amelie, lieber Moritz,

Fitnessstudios, heute meist »Gym« genannt, gehören zu eurem Leben und dem eurer Freunde wie Netflix-Serien und Clubnächte. In »good shape« zu sein ist für eure und die nachfolgenden Generationen eine Norm, der sich nur wenige entziehen. Der Körper wurde zum Statussymbol und Leistungsnachweis. Millionen Frauen und Männer posen in den Social Media und lassen ihre durchtrainierte Figur von anderen begutachten. Ich bin froh, dass ihr bei solchen digitalen Wettkämpfen der Eitelkeit und des Narzissmus nicht mitmacht. In diesem Brief möchte ich euch beschreiben, wie die Menschen gegen Ende des 20. Jahrhunderts anfingen, ihre Körper mit anderen Augen zu sehen.

Ihr wurdet in einer Zeit groß, in der der eigene Körper bereits zum Statussymbol geworden war. Eure Generation achtete ganz selbstverständlich darauf, schlank und muskulös zu sein und sich dafür anzustrengen. Das war nicht immer so. Auch ich schämte mich mit 15 für Pickel und dünne Oberarme. Aber am Ende der Pubertät waren meine körperlichen Mängel kein drückendes Problem mehr. Das Aussehen war damals zwar nicht egal, spielte aber keine so große Rolle – zumindest in dem Teil der Jugendkultur, dem ich mich zugehörig fühlte. Das sollte sich gründlich ändern.

Gegen Ende des 20. Jahrhunderts wurde der Körper zum Statussymbol. Wer nicht mithalten kann, hat es schwer.

Männer mit nach außen gewölbtem Bauch und Frauen, die ein paar Kommastellen über der Norm des Body-Mass-Index liegen, gelten als Verlierertypen, die ihr Leben so wenig im Griff haben wie Raucher. Die Selbstbetrachtung ist gnadenlos geworden. Laut einer Umfrage aus dem Jahr 2021 empfinden sich Dreiviertel aller Frauen in Deutschland als »nicht schön«. Fast ebenso viele fühlen sich unwohl in ihrem Körper. Ein Drittel der Frauen unter 40 denkt ernsthaft darüber nach, sich chirurgisch verändern zu lassen (Beauty Impact Report 2021). Die Zahl der Schönheitsoperationen nahm 2022 um 15 Prozent zu, 2023 um weitere fünf Prozent. Die Mehrheit der Kundinnen sind junge Frauen. Das Körperteil, das sie am häufigsten verändern lassen, ist ihr Gesicht. Fragt man, warum so viele Frauen, ihr Gesicht nicht mögen, sprechen die Befürworter der chirurgischen Optimierung von »Selbstbestimmung« und »Freiheit«. Ich denke, dass es Menschen, die ihr Äußeres als dermaßen mangelhaft empfinden, eher an Selbstbewusstsein und Selbstachtung fehlt.

Noch in den 1970er-Jahren war die Existenz des *Musculus rectus abdominis* nur Medizinern bekannt. Alle anderen wussten nicht, dass sich bei Männern unter dem normalen Bauchfett ein Muskel verbirgt, den man durch Hungern und selbstquälerisches Training zu der sichtbaren Struktur formen kann, die im Fitnessjargon »Sixpack« genannt wird.

Der Paradigmenwechsel von Sex, Drogen und eher geistigen Genüssen zur disziplinierten Körperertüchtigung begann in den frühen 1980er-Jahren mit Aerobic, einer Mischung aus Gymnastik und Tanz, die von der amerikanischen Schauspielerin Jane Fonda propagiert und vermarktet wurde. Bald strömten auch Deutschlands Hausfrauen in die Turnhallen, um bei stampfender Musik den Anweisungen von Aerobic-Trainern zu folgen. Arnold Schwarzenegger, ein muskelbepackter Österreicher, der wenige Jahre zuvor noch als bedauernswerter Freak gegolten hätte, wurde zum Körperidol junger Männer. Unterdessen servierte der Wiener Unterhaltungskünstler André Heller dem Bildungsbürgertum »Begnadete Körper«, eine Akrobatik-Show mit dem Nimbus der Hochkultur. Dauerlaufen wurde von nun an »Joggen« genannt. In den Parks sah ich immer weniger entspannte Spaziergänger und immer mehr schwitzende Selbstertüchtiger mit leidenden Gesichtszügen. Vor der großen Körperkonkurrenz wurden junge Frauen, die auf Laufstegen Kleider vorführten, Mannequins genannt. Niemand, nicht einmal Menschen, die sich für Mode interessierten, hätte sich den Namen eines Mannequins gemerkt. In den Achtzigern wurden Mannequins in Models umbenannt und prominent, manche sogar weltberühmt. Als Qualifikation genügte ein allseits bewunderter Körperbau, der entsprechend dem Zeitgeschmack eher dürr und knochig als weiblich zu sein hatte.

Der Bauch wechselte auf die andere Seite der Klassengesellschaft. Für junge Menschen wie euch ist es schwierig, sozialkritische Karikaturen oder Plakate aus der früheren Bundesrepublik oder gar der Weimarer Republik richtig zu deuten. Der sportliche Typ, der aussieht, als käme er gerade aus dem Fitnessstudio – das war der Arme. Der Fettsack mit Zigarre war der Reiche. Später drehten sich diese Zuschreibungen um. Im frühen 21. Jahrhundert gibt es nirgends weniger Dicke als unter Konzernchefs. Erfolgreiche Manager posieren in Wirtschaftsmagazinen gern mit Rennrad oder auf Skiern. Übergewicht wurde zum Ausweis für niedrigen Sozialstatus.

Während die Generation meines Vaters noch selbstbewusst ihren Wohlstandsbauch vor sich her trug und ihre rundlichen Frauen mit Stolz präsentierte, wurden in meiner zweiten Lebenshälfte Dicke in die Freak-Ecke gestellt. Natürlich geschah die soziale Ausgrenzung nur zu ihrem Besten. Denn Übergewicht, so verkündeten Gesundheitspolitiker, Ernährungsberaterinnen, Frauenzeitschriften und Diätindustrie, ist ungesund und gefährlich. Dicksein führe zu zahlreichen Krankheiten und sei eigentlich selbst schon eine Krankheit. Daher müssten die Kilos an Bauch, Hüften und Schenkeln unerbittlich bekämpft werden. Am besten von Kindesbeinen an.

Wer heute beim anderen Geschlecht ankommen will, sollte als Mann flachbäuchig und muskulös sein und als Frau keinen dicken Po haben und auch ansonsten schlank sein. Lediglich in Form von Busen gilt weibliches Körperfett immer noch als sexy. Fast alle erfolgreichen Filmschauspielerinnen sind superdünn. Der Wunsch abzunehmen, ernährt milliardenschwere Industrien. »Sieben Sofort-Tipps, wie Sie beim Sex schlanker wirken«, lautete der Titel eines Ratgeber-Artikels auf *Bild-Online* im März 2022.

Man könnte annehmen, dass die Frauen einem von Männern diktierten Schönheitsideal nachjagen. Doch wenn man männlichen Versuchspersonen Fotos von Frauen vorlegt und sie nach Attraktivität sortieren lässt, ergibt sich Erstaunliches: Männer wählen Bilder von Frauen aus, die deutlich rundlicher sind als die Models auf Titelblättern und in Werbespots.

Wenn ich mir die Schönheitsideale von Naturvölkern oder die unserer steinzeitlichen Urahnen anschaue, wie etwa die Venus von Willendorf, sehe ich Frauenbilder, die nach heutiger Bewertung als extrem fett gelten würden. Die Schlankheitsobsession entspringt also vermutlich nicht den Instinkten des Mannes, sondern ist sozial konstruiert. Gesundheitspolitische Kampagnen verstärken zeitgeistige Schönheitsideale und soziale Vorbehalte. Gesundheitsbewusstsein und Körperästhetik dienen der Distinktion. Karrierebewusste Aufsteiger aus der Mittelschicht wollen sich von den armen, dummen Moppeln abgrenzen. Angenehmerweise kann die Verachtung der disziplinlosen Dicken durch sozialpädagogischen Paternalismus bemäntelt werden: Man möchte ja nur den armen übergewichtigen Kindern helfen. In den 2010er-Jahren verschaffte sich erstmals eine Gegenbewegung öffentliches Gehör. Nach dem Vorbild anderer diskriminierter Minderheiten protestierten füllige Frauen dagegen, aufgrund ihrer Körperform abgewertet und beleidigt zu werden. »Bodyshaming«, der englische Begriff dafür, etablierte sich auch im Deutschen. Ob diese Proteste der Dicken dem seit vielen Jahrzehnten etablierten Schlankheitskult ein Ende setzen werden?

Wer glaubt, dass ihm Diät und Sport nicht das gewünschte Ergebnis bringen, kann heute – vorausgesetzt, genügend Geld ist vorhanden – zu allerlei Mitteln greifen, die den natürlichen Alterungsprozess des Körpers verbergen sollen. Die Nachfrage nach Anti-Aging-Produkten wächst unentwegt, ebenso die gesellschaftliche Akzeptanz der Schönheitschirurgie, die in meiner Jugend noch als Unsitte der Amerikaner betrachtet wurde. Dieses massenhafte Bestreben, mit allen Mitteln das Altern aufzuhalten, steht in einem seltsamen Widerspruch zum Leitbild der »Natürlichkeit«, das von Marketing und Medien unentwegt verkündet wird. Selbst Geschlechtsumwandlung, die wohl krasseste Zurückweisung der Natur und des eigenen Körpers, ist mittlerweile anerkannt, als ein Anrecht, das Respekt verdient. Manchmal ist es schwer zu verstehen, welche Widersprüche unter einen Hut passen. Nicht wenige Menschen halten eine mit Hilfe von Gentechnik gezüchtete Kartoffel für Frevel an der Natur, finden es jedoch völlig unproblematisch, den menschlichen Körper mit allen Mitteln zu manipulieren.

Parallel zum Kult um durchtrainierte Körper kam die Körperscham zurück. In den 1970er- und 1980er-Jahren war Nacktbaden ein Massenphänomen, nicht nur in der DDR, wie oftmals behauptet wird. Wie meine Freundinnen, Freunde und ich sonnten sich Tausende meist junger Menschen textilfrei an Seeufern und Meeresstränden. In unseren Wohngemeinschaften genierte sich niemand dafür, unbekleidet von den anderen gesehen zu werden. Ob jemand eine mehr oder weniger perfekte Figur besaß, war nebensächlich. Dass Menschen damals ihre Körper mehr als heute akzeptierten so wie sie waren, belegt auch die Tatsache, dass die meisten Frauen sich nicht die Beine und Achseln rasierten. In Amerika war das bereits üblich, in Deutschland nicht. An den Nacktstränden herrschte eine entspannte Atmosphäre sozialer Gleichheit und – entgegen mancher Fantasien – kein erotisches Knistern. Je strenger die Normen und der Kult um perfekte Körper wurden, desto mehr kam die unbefangene Nacktheit wieder aus der Mode.

Zwei kulturelle Entwicklungen förderten diese Rückkehr zu einer Körperscham, wie man sie aus den 1950er-Jahren kannte. Zum einen die amerikanische Kulturindustrie, die mit Fernsehserien und Kinofilmen ihre puritanischen Normen importierte. Anders als in vielen europäischen Ländern wurden nackte Körper in der US-Kultur immer als explizit sexuell oder gar pornografisch interpretiert. Dementsprechend sind Geschlechtsteile und Busen außerhalb der Pornoindustrie mit einem Abbildungstabu belegt. Dies erwies sich als stärker als die nordeuropäische

Tradition, die Nacktheit und Erotik nicht gleichsetzte. Dazu kam die Einwanderung aus muslimischen Ländern, in deren Sittenkodex die Verhüllung des weiblichen Körpers zwingend ist, da schon der Anblick des Kopfhaares als sexuelles Signal interpretiert wird, dem Männer angeblich nicht widerstehen könnten. Eine wichtige Rolle bei der neuen Körperscham spielen vermutlich auch die Social Media und die Fotofunktion der Smartphones, die dazu führte, dass überall und immer fotografiert wird, und die damit verbundene Unkultur des digitalen Mobbings. Die meisten Menschen haben den verständlichen Wunsch, die Kontrolle darüber zu behalten, welche Bilder von ihnen auf Instagram veröffentlicht werden.

Auch wenn es üblich wurde, Geschlechtsteile wieder schamhaft zu bedecken, so ist die öffentliche Zurschaustellung des eignen Körpers so populär wie noch nie. Fotos von vorbildlich zugerichteten Leibern in Badekleidung, Unterwäsche oder engem Sporttrikot sind eines der häufigsten Motive in den Social Media. Ein Fünftel der befragten Frauen gaben bei einer Umfrage im Jahr 2021 an, dass ihnen »Likes« und »Herzchen« in den Social Media mehr bedeuten als ein Kompliment ihres Mannes. Die Fotos sind ein Ausweis für Leistungsfähigkeit, Disziplin und Erfolg. Seht her, ich habe es geschafft, mich selbst zu überwinden, sagen uns diese Bilder. Ich habe Opfer gebracht und Ströme von Schweiß vergossen. Ich kann mithalten. Mein Marktwert ist immens.

Wer aus dieser ebenso unlustigen wie unerbittlichen Schönheitskonkurrenz aussteigt, ist besser dran und steigert sein Wohlbefinden.

Euer Papa

11

Gefühle

Liebe Amelie, lieber Moritz,

als ihr klein wart, habt ihr einmal gesagt, dass ich nie weine. Das stimmte nicht ganz, denn ich weinte vor Erleichterung und Freude, als ich euch zum allerersten Mal im Arm hielt. Viele Jahre später, da wart ihr schon erwachsen, gab es traurige Ereignisse, bei denen ihr mich weinen saht. Aber im Grunde hattet ihr recht: Es fällt mir nicht leicht und geniert mich. Das hat vermutlich weniger mit meinen Eltern zu tun als mit der kindlichen Scham vor Mitschülern und Spielkameraden. Jungs sollten nicht weinen. Alle Menschen gaben sich damals große Mühe, Gefühle zu verbergen.

Heute ist das öffentliche Zeigen von Emotionen erwünscht, und man wird sogar dazu ermuntert. Wenn Reporter Menschen interviewen, die etwas Besonderes leisteten oder denen etwas Ungewöhnliches geschah, dann lauten zwei Standardfragen: »Wie haben Sie sich dabei gefühlt?« und »Was hat das mit Ihnen gemacht?« Das Bemühen von Journalisten, die Emotionen ihrer Gesprächspartner in den Vordergrund zu stellen, ist neu – und typisch für den Zeitgeist. So hätte im 20. Jahrhundert niemand gefragt. Üblich war: »Was haben Sie sich dabei gedacht?« Insbesondere Respektspersonen wurden nie nach Gefühlen gefragt. Das galt als zu intim. Heute schildern selbst Staatsoberhäupter in ihren Ansprachen, welche Emotionen ein Ereignis bei ihnen auslöste.

In seinem Buch »Männerphantasien« beschrieb der Kulturtheoretiker Klaus Theweleit die Gefühlswelt der Männer, die aus dem Ersten Weltkrieg zurückkehrten. Er schilderte, wie sie sich mit einem »inneren Panzer« vor Gefühlsregungen abschotteten, die sie als unmännlich empfanden. Diese für ihre Zeit typischen Menschen waren seelisch blockiert, was immer wieder zu Gewaltausbrüchen führte. Sigmund Freud und andere Psychologen berichten eindrücklich von dem enormen Aufwand, den Männer wie Frauen betrieben, um als peinlich empfundene Emotionen zu unterdrücken. Angesichts dieser Vergangenheit erscheint das heutige Interesse an Gefühlen als Befreiung.

Allerdings dreht sich die neue Gefühligkeit oftmals um sich selbst. Ohne nach Ursachen oder Konsequenzen eines Ereignisses zu fragen, halten manche Menschen ihre Empfindungen für den Mittelpunkt der Welt. Zu Beginn von Putins Krieg gegen die Ukraine las ich folgenden Kommentar einer junge Berlinerin auf einer Social-Media-Plattform: »Heute Mittag war ich mit einem Baby unterwegs, plötzlich war es sehr laut über uns, ich schaute nach oben und bekam tatsächlich richtig dolle Angst, alle um mich herum taten es mir gleich, jetzt schauten wir alle nach oben und uns an, vor allem, andere Frauen und Mütter, die ebenfalls mit Kinder unterwegs waren; ich glaube, wir dachten alle das gleiche, wir hatten plötzlich Angst, das wir nicht sicher sind! Das war ein schlimmer Moment. Es war nur ein sehr lauter Hubschrauber, der jedoch ein Art Gemeinschaftsgefühl hervorgebracht hat und ganz ehrlich, so etwas habe ich lange nicht gefühlt! Nur schade, dass dieses Gefühl so negativ war! Jetzt koche ich Risotto, weil sonst mein Parmesan Käse schlecht wird.«

Die öffentliche Demonstration von Mitgefühl ist normal geworden. Bei größeren Unfällen, Morden oder dem Tod bewunderter Persönlichkeiten wird nicht mehr bis zur Grablegung gewartet, sondern spontan gemeinsam getrauert. Das gab es in bescheidenem Ausmaß schon früher, zum Beispiel 1963 vor dem Schöneberger Rathaus in Westberlin nach dem Mord am US-Präsidenten John F. Kennedy. Doch zum Massenphänomen wurde diese Form öffentlicher Anteilnahme, als 1997 Tausende Briten Blumensträuße vor dem Kensington Palace ablegten, nachdem Prinzessin Diana bei einem Autounfall ums Leben gekommen war. Seither etablierte sich dieses Ritual auch in Deutschland und vielen anderen Ländern.

Die neue Offenheit gegenüber Tränen und anderen einst intimen Gefühlsregungen ist allemal sympathischer als die Ermahnungen zum schnellen »Wegstecken« und »damit fertig werden«, die ich mir als Jugendlicher anhören musste, wenn es mir schlecht ging. Doch wie alles hat auch dies eine Kehrseite. Denn in öffentlichen Debatten werden Gefühle heute häufig auf Kosten der Fakten betont. Menschen, die sich auf Gefühle berufen, machen sich damit unantastbar. Man kann Gefühle effektvoll als Machtmittel einsetzen. Wird beispielsweise über die potenziellen Gefahren von Kernkraft, Mobilfunk oder gentechnischer Pflanzenzucht diskutiert, haben alle Stellungnahmen von Wissenschaftlern, alle Statistiken und alle Empirie weniger Gewicht als die Besorgnis einer Mutter mit Kind auf dem Arm, die in die Kamera sagt: »Ich habe Angst.«

Auf dieser Grundlage werden mittlerweile sogar Gesetze gemacht. 2010 gestand der damalige Landwirtschaftsminister Horst Seehofer in einem Interview, dass er Lebensmittel aus gentechnisch veränderten Pflanzen nicht für ungesund hält (was auch Stand der Wissenschaft war und ist). Um kurz danach zu bemerken: »In Bayern bin ich gegen Gentechnik.« Denn lautstarke Lobbygruppen machten

Stimmung gegen die Biotechnologie und verbreiteten Angst in der Bevölkerung. Ein Jahr später hatte ich Gelegenheit, seine Nachfolgerin Ilse Aigner zu interviewen. Auch sie sagte, dass sie im Ausland Gentechnik-Lebensmittel bedenkenlos isst. Beide CSU-Politiker traten für das Verbot der Pflanzengentechnik in Deutschland ein und gaben offen zu, dies nicht aufgrund von Fakten zu tun, sondern wegen der emotionalen Bedenken eines Teils der Bevölkerung. Wie mächtig eine Minderheit werden kann, die ihr gefühltes Unbehagen wirksam artikuliert, habt auch ihr schon erlebt. Während der Covid-19-Pandemie beherrschte die relativ kleine Bevölkerungsgruppe der Impfgegner monatelang die Schlagzeilen und verunsicherte politische Entscheider ganz erheblich.

Der Wunsch, sich und anderen ein gutes Gefühl zu verschaffen ist stärker als der, tatsächlich etwas Gutes zu tun. Unentwegt buhlen Konzerne, Marketingagenturen, Prominente aus der Unterhaltungsindustrie, Politikerinnen und Politiker um Aufmerksamkeit, indem sie »Haltung zeigen« oder »Zeichen setzen«. Als Folge davon spielt sich ein immer größerer Anteil der politischen Aktivitäten im Symbolischen ab. Die Frage, ob eine Entscheidung wirklich Gutes bewirkt, interessiert immer weniger. Ein Beispiel von vielen sind Bio-Produkte. Sie gelten als umweltfreundlich und gut. Doch »Bio« ist nicht in allem besser für die Umwelt. So kostet der Anbau von Bio-Produkten erheblich mehr Naturflächen, als die moderne Landwirtschaft benötigt. Einige Bio-Bereiche stehen auch in der Klimabilanz schlechter da. All dies wird jedoch nur in kleinen Fachkreisen thematisiert. Für die große Mehrheit ist »Bio« gefühlt gut, und das reicht. »Nicht Tatsachen, sondern Meinungen über Tatsachen bestimmen das Zusammenleben«, schrieb der antike Philosoph Epiktet. Heute sind es nicht einmal mehr Meinungen, sondern Gefühle. Der Versuch, sich selbst und anderen ein gutes Gefühl zu verschaffen, führt häufig zu heuchlerischen Widersprüchlichkeiten. Auf der Berlinale 2023 brüsteten sich die Veranstalter damit, dass das internationale Filmfestival besonders grün und nachhaltig sei. So gab es unter anderem nur noch Hafermilch für den Kaffee. Gleichzeitig war die ausbeuterische Fahrdienstfirma »Uber« Sponsor und Kooperationspartner. Ein Zyniker würde sagen, die beuten ja keine Kühe aus, sondern nur Menschen.

Gefühle lassen sich leichter manipulieren als Fakten. Deshalb erhalten wir in den Botschaften der Reklameindustrie so gut wie nie harte Informationen über das jeweilige Produkt. Die technischen Daten eines Autos, die Zusammensetzung eines Waschmittels oder die Bedingungen einer Versicherung werden in Werbespots nicht einmal erwähnt. Stattdessen verkaufen uns die Marketingleute Besitzerstolz, soziale Anerkennung, Sexyness oder Sicherheit. Das wissen natürlich auch Politiker. Wahlplakate appellierten schon in früheren Zeiten mehr an die Gefühle als an den Verstand.

Dennoch gibt es deutliche Unterschiede zwischen dem politischen Sprachgebrauch in meiner Jugend und dem jetzigen. Es begann Mitte der 1970er-Jahre, als die linke Szene die so genannte Betroffenheitsberichterstattung entdeckte. Aus Sicht junger Rebellen berichteten die bürgerlichen Medien aus der Perspektive der Herrschenden über Ereignisse wie Hausbesetzungen oder Anti-Kernkraft-Demonstrationen. Dagegen sollten alternative Medien wie der *Informationsdienst zur Verbreitung unterbliebener Nachrichten* (*ID*), *Pflasterstrand* oder etwas später die *taz* das authentische Erleben der Betroffenen (Hausbesetzer, Demonstranten usw.) wiedergeben. Damals bewegte ich mich im Dunstkreis dieser neuen linken Medien Frankfurts, wo ich später meinen Einstieg in den Journalismus fand. »Betroffenheit« war das Leitwort der Zeit. Während ein paar Jahre zuvor ein hoch elaborierter von Marx und Adorno entliehener Jargon gepflegt wurde, kam nun eine Sprache der Gefühle auf. Diese bewusst subjektive Art sich auszudrücken, übernahmen die Anhänger der neu entstehenden Partei Die Grünen. Marketingleute, Popsänger und andere Unterhaltungskünstler trugen diese Sprechweise später in die Breite der Gesellschaft.

Heute wird sie von Politikern bewusst eingesetzt, die mit authentischen oder simulierten Emotionen um Sympathie buhlen. Wer sich weigert mitzumachen und lieber über Fakten spricht, läuft Gefahr, als kalt und herzlos hingestellt zu werden. »In dem Maß, in dem wir bei Politikern neugierig und schadenfroh auf mehr oder weniger Kleines und Privates blicken«, sagte der österreichische Philosoph Robert Pfaller in einem Interview, »verabsäumen wir es, sie nach ihren politischen Zielen sowie den von ihnen verfochtenen Interessen zu beurteilen. Diese Intimisierung von Politik hängt eng mit der Struktur unserer Medien zusammen.«

Besonders krass zeigt sich die emotionale Manipulation, wenn es nur noch um Bilder geht. Der Journalist Robin Alexander hat überzeugend beschrieben, dass die Entscheidung der Regierung, 2015 Tausende Asylbewerber an den Grenzen nicht mehr aufzuhalten, deshalb fiel, weil man hässliche Bilder vermeiden wollte. Die entstanden wären, wenn Polizisten die Menschen gestoppt hätten. Viele Nichtregierungsorganisationen hörten schon vor Jahrzehnten auf, mit Argumenten für ihre Anliegen zu werben. Sie setzen nur noch auf die Überzeugungskraft der Bilder. Hilfsorganisationen zeigen auf Plakaten nichts weiter als mitleiderregende schwarze Menschen, meist Kinder – oftmals fast ohne Text. Wem geholfen werden soll, warum und mit welchen Maßnahmen bleibt im Dunkeln. Die Marketingleute von Naturschutzorganisationen sorgen dafür, dass auf den Spendenaufrufen die niedlichsten und sympathischsten Tiere erscheinen, auch wenn die gar nicht vom Aussterben bedroht sind.

Vielleicht wird eure Generation eines Tages überdrüssig von dem gefühligen Geschwätz auf allen Kanälen und entdeckt erneut den Wert des Konkreten. Vorerst aber wird es wohl beim Triumph des Marketings über die Inhalte bleiben. Es lohnt sich für viele und stört bisher nur wenige.

Euer Papa

12

Mitleid

Liebe Amelie, lieber Moritz,

eure Oma war das, was man einen Familienmenschen nennt. Sie umsorgte ihren Mann, ihre Kinder und Enkel bis zur Selbstaufgabe. Das konntet ihr in eurer Kindheit immer wieder genießen. Doch diese Herzlichkeit war verbunden mit Teilnahmslosigkeit gegenüber allem, was nicht zur Familie zählte. Auf das Leid von Fremden reagierte sie erstaunlich gleichgültig. Vielleicht war diese Verhärtung eine Folge ihrer Kriegserlebnisse. Vielleicht hat auch die Erziehung im Nationalsozialismus dazu beigetragen. In ihrer Generation war sie mit dieser Haltung keine Ausnahme. Viele beschränkten ihr Mitleid auf Verwandte, Freunde oder Landsleute. Heute dagegen interessieren sich mehr und mehr Deutsche für das Schicksal unbekannter Menschen in fernen Ländern.

Im Jahr 2009 bombardierten amerikanische Kampfflugzeuge zwei von Taliban entführte Tanklastzüge südlich der afghanischen Stadt Kundus. Dabei kamen Zivilisten ums Leben. Das Bombardement hatte ein deutscher Oberst bei der US-Luftwaffe angefordert. Dass bei dieser Attacke versehentlich unbewaffnete und am Krieg unbeteiligte Afghanen getötet wurden, hatte erhebliche Konsequenzen in Deutschland. Der zuständige Minister, ein Staatssekretär und der Generalinspekteur der Bundeswehr verloren ihre Jobs. Dass der Tod von Einwohnern eines gegnerischen Landes einen kriegführenden Staat und seine Armee derart erschüttert, wäre in früheren Zeiten unvorstellbar gewesen. Zwar gebietet die Genfer Konvention, dass Waffen nur auf bewaffnete feindliche Kämpfer gerichtet werden dürfen. Aber dass ein Krieg unvermeidlich auch unter Zivilisten im Feindesland Opfer kostet, wurde als selbstverständlich hingenommen. Das gilt heute erfreulicherweise nicht mehr.

Diese allgemein akzeptierte Kaltherzigkeit endete in den späten 1960er-Jahren mit dem Vietnamkrieg, dem ersten Krieg, der durch Fernsehteams und Fotografen in den Wohnzimmern Amerikas und Europas sichtbar wurde. Die Bilder von toten und verwundeten Kindern und anderen Zivilpersonen ließen die Haltung der amerikanischen Bevölkerung kippen. Immer mehr Bürger forderten den Rückzug aus Vietnam, was die Regierung schließlich auch tat. Zur gleichen Zeit gingen Bilder vom Bürgerkrieg in Nigeria um die Welt. Die dortige Zentralregierung hatte beschlossen, die abtrünnige Provinz Biafra auszuhungern. Vielen meiner Generation brannten sich die schrecklichen Fotos von zum Skelett abgemagerten Kindern mit aufgeblähten Hungerbäuchen ins Gedächtnis. Hilfswerke organisierten die bis dahin umfassendste humanitäre Aktion nach dem Zweiten Weltkrieg. Mehr als zwei Jahre lang wurden Nahrungsmittel und andere Güter nach Biafra geflogen.

Im Jahr 2020 spendeten die Deutschen 5,4 Milliarden Euro für gute Zwecke. Erdbeben in Armenien, Tsunami in Südasien oder Bürgerkrieg in Syrien: Die Entfernung spielt für das Mitgefühl eine immer geringere Rolle. Diese Entwicklung hin zu mehr Humanität zieht sich durch die Menschheitsgeschichte. Nicht gradlinig, sondern immer wieder von Rückschlägen unterbrochen, doch auf der langen Zeitachse eindeutig. In seinem Buch »Gewalt« beschreibt der kanadische Psychologe Steven Pinker, wie die

Menschen den Kreis ihres Mitgefühls stetig erweiterten. In der Antike galten nur freie männliche Bürger als richtige Menschen. Mit Sklaven oder besiegten Kriegsfeinden durfte man machen, was man wollte. Jahrhunderte der Menschheitsgeschichte vergingen, bis Frauen und Menschen dunkler Hautfarbe gleiche Rechte erhielten. Immer wieder in der Geschichte wurden Juden und andere kulturelle oder ethnische Minderheiten verfolgt, vertrieben oder getötet – von Nachbarn, die sich dabei vollkommen im Recht fühlten.

»Wenn hinten, weit, in der Türkei, die Völker aufeinanderschlagen. Man steht am Fenster, trinkt sein Gläschen aus…«, dichtete Goethe im »Faust«. Im Laufe meines Lebens rückte »hinten, weit, in der Türkei« immer näher. Der Kreis des Mitleids schloss bald auch Kriegsfeinde ein und weit entfernt lebende Menschen. Durch mediale Übermittlung wurde die Anteilnahme universeller denn je. Allerdings funktioniert sie nur, wenn Bilder vom Leid der anderen nach Europa oder Nordamerika dringen. Ohne Bilder keine Hilfsbereitschaft.

Nachdem nur elf Jahre vor meinem Geburtsjahr sich Tausende Deutsche an Massenmorden beteiligt hatten, ist die moderne Anteilnahme an fremdem Schmerz eine ebenso erfreuliche wie überraschende Entwicklung. Hilfsorganisationen, die sich um das Schicksal von Menschen in armen Ländern oder von Migranten kümmern, gehören heute zu den meistgehörten Stimmen in den Medien. Spätestens seit im Jahr 2013 über 1.100 Menschen, mehrheitlich Arbeiterinnen, beim Einsturz eine Textilfabrik in Bangladesch getötet wurden, müssen sich auch Unternehmen fragen lassen, unter welchen Bedingungen ihre Waren erzeugt werden. Große Konzerne wollen am Trend zu humaner Verantwortung teilhaben und werben immer häufiger damit, dass sie Gutes tun. »Wir wollen, dass Menschen sicher leben können. Unsere Produkte sollen Menschen in freiheitlich-demokratischen Ländern vor Bedrohung und Gewalt schützen«, verkündete beispielweise die Waffenfabrik Heckler & Koch, die unter anderem die Türkei beliefert.

Menschliches Leiden ist im Alltag unsichtbar geworden. Es findet in Krankenhäusern, Behindertenheimen, Hospizen und anderen spezialisierten Institutionen statt. Grausame Volksbelustigungen wie Tierkämpfe oder öffentliche Hinrichtungen sind schon lange abgeschafft. Interessanterweise fand eine gegenläufige Entwicklung im Film und in der Literatur statt. Explizite Darstellungen von Verletzungen, Verstümmelungen und körperlicher Gewalt grausamster Art sind im 21. Jahrhundert in Spielfilmen üblich geworden. Auf dem Buchmarkt boomen die sogenannten skandinavischen Krimis, in denen Ermittler häufig Serienkiller jagen, deren extreme Taten genauestens geschildert werden. Seit Ende der 1960er-Jahre zeigen Spielfilme Blut und Wunden immer genauer. In älteren Streifen fielen die Schauspieler einfach unblutig um, wenn sie eine Schussverletzung spielen mussten. 2023 berichteten Medien, dass Schulkinder Social-Media-Videos sammeln, weitergeben und gemeinsam betrachten, die Folter und andere Gewaltexzesse zeigen. Lehrer, die ich danach fragte, bestätigten, dass es diese beängstigende Erscheinung tatsächlich gibt.

Ich kann mich noch an die Schießereien in »Der Pate« von 1972 erinnern und den damals noch ungewohnten Anblick blutig aufplatzender Einschusslöcher. Heute sind aufgeschlitzte Bäuche, abgerissene Köpfe und spritzende Gehirnmasse als Filmkunst anerkannt. Anscheinend werden Gewalt und Grausamkeit umso häufiger virtuell dargeboten, je seltener sie im realen Leben vorkommen. Damals bei »Der Pate« riefen übrigens nicht die blutigen Mordszenen das größte Entsetzen hervor, sondern eine Szene, in der man den abgeschnittenen Kopf eines Pferdes sah.

Womit wir bei der jüngsten Erweiterung des menschlichen Mitleidskreises wären, die seit einigen Jahrzehnten heiß diskutiert wird. Tierschutz- und Tierrechtsorganisationen haben enorm an Bedeutung gewonnen. In Österreich bildete im Jahr 2020 der Tierschutz mit 33 Prozent am gesamten Spendenaufkommen erstmals das wichtigste Spendenthema. Mehr Menschen als je zuvor haben ein Herz für Tiere. Landwirtschaftliche und andere Unternehmen, die Tiere nutzen, töten und verarbeiten, stoßen auf immer stärkere Ablehnung. Zoos und Versuchstierforschung stehen seit Jahrzehnten unter Rechtfertigungsdruck. Möglicherweise werdet ihr noch erleben, dass eines Tages jegliche Nutzung von Tieren so verpönt ist wie heute bereits das Tragen von Pelzkleidung. Wundern würde es mich nicht.

Euer Papa

13

Frauen

Liebe Amelie, lieber Moritz,

von eurer Schülerzeit bis zum Beginn eures Berufslebens wurde Deutschland von einer Kanzlerin regiert. In euren Schulen unterrichteten mehrheitlich Lehrerinnen. Wart ihr krank, halfen euch Ärztinnen. Im Fernsehen standen Journalistinnen in der ersten Reihe. Wenn ich von der Arbeit kam, erzählte ich von meinen Chefinnen. Dass Frauen bestimmte gesellschaftliche Bereiche einmal verwehrt waren, ist für euch nur noch von historischem Interesse. Mitbekommen habt ihr lediglich noch Reste der einstigen Diskriminierung. In meiner Jungend war es noch üblich, Frauen als »das schwache Geschlecht« zu bezeichnen. Das würde heute niemandem mehr einfallen. Der gesellschaftliche, politische und ökonomische Aufstieg der Frauen ist gewaltig.

Es ist von heute aus betrachtet unglaublich, dass Frauen erst 1977 die freie Berufswahl gesetzlich zugestanden wurde. Noch in den 1950er-Jahren durften Ehemänner ihrer Gattin verbieten, berufstätig zu sein. Entscheidungen über ihr Einkommen und das gesamte Vermögen waren ein Privileg des Mannes. Frauen war es nicht erlaubt, ein eigenes Bankkonto zu besitzen. Wollte der Ehemann nicht, dass seine Frau arbeitet, konnte er ihren Arbeitsvertrag jederzeit kündigen. All das änderte sich 1958 mit dem Gesetz über die Gleichberechtigung von Mann und Frau. Doch noch bis 1977 durfte eine Frau in Westdeutschland nur dann berufstätig sein, wenn es »mit ihren Pflichten in Ehe und Familie vereinbar« war. Haushalt und Kindererziehung galten bis dahin als alleinige Zuständigkeiten der Frauen.

Das klingt alles nach Kaiserreich, war aber Bundesrepublik Deutschland zu meinen Lebzeiten. In meiner Kindheit wurden Frauen durch Ehe und Mutterschaft definiert. Nicht was eine Frau konnte, leistete oder wusste war entscheidend, sondern ob sie verheiratet war und Kinder hatte. Unverheiratete Frauen wurden lebenslang als Fräulein angesprochen. Für junge Frauen war es wichtig, keinen Sex vor der Ehe zu haben, denn das ruinierte ihren Wert als Heiratsobjekt (wie heute wieder in manchen zugewanderten muslimischen Milieus).

Der Nationalsozialismus hatte den historischen Siegeszug der Frauenemanzipation unterbrochen. Und die katholische Moral der Adenauerjahre war auf andere Weise aber kaum weniger frauenfeindlich. Als das letzte Gleichberechtigungsgesetz 1977 verabschiedet wurde, war die neue Frauenbewegung schon im vollen Gange. Anfang der 1970er-Jahre gründeten linke Frauen ihre eigenen emanzipatorischen Gruppen und ließen sich vom Dominanzverhalten männlicher Wortführer nicht mehr einschüchtern. Alle Mädchen und jungen Frauen in meiner jugendlichen Peergroup begeisterten sich für den Feminismus.

Der Rest ist euch bekannt. Die Frauen krempelten Deutschland um und eroberten so gut wie alle relevanten gesellschaftlichen und politischen Felder. Lediglich in den obersten Chefetagen der Konzerne geben noch ein paar Platzhirsche den Ton an. Es ist aber nur eine Frage der Zeit, bis auch dort Gleichberechtigung einziehen wird. Ebenso wird der Gehaltsunterschied zwischen Frauen und Männern (über dessen Höhe die Statistikerinnen streiten) voraussichtlich nicht mehr lange existieren. Alle Zeichen stehen auf Vollendung der Gleichberechtigung – zumindest in den westlichen Industrieländern. Nur gewaltige Verwerfungen könnten das Errungene wieder rückgängig machen.

In den 2020er-Jahren kam eine neue Debatte um das Thema Weiblichkeit auf. Diesmal ging es um die Frage: Wer ist überhaupt eine Frau? Transgender-Aktivisten vertreten sehr entschieden und lautstark die Meinung, dass biologische Männer Frauen seien, wenn sie sich selbst als weiblich definieren. Das führte zu einer heftigen Debatte mit klassischen Feministinnen, die sagen, wer eine Frau sein möchte, ist dadurch nicht automatisch eine Frau. Der Streit dauert noch an. Parallel dazu wird der Kult um die Mutterschaft als Ideal von Hingabe und Aufopferung in konservativen Milieus weiterhin zelebriert. »Jeder von uns hat nur eine Mutter«, philosophierte der bayerische Ministerpräsident Söder am Muttertag 2022 auf Facebook, »Mütter sind wundervolle Menschen. Sie sind immer optimistisch und verlangen nie etwas dafür.«

Ihr solltet euch nicht vorstellen, dass vor der Welle der Emanzipation alle Frauen sich den Männern fügten, still in der Ecke saßen und strickten. In den Ehen waren es nicht selten die Frauen, die über familiäre und finanzielle Angelegenheit bestimmten. Meine Mutter war zwar Hausfrau, aber verwaltete das Geld, das mein Vater heimbrachte. Und dies war kein Einzelfall. Frauen konnten im Kontext von Familie und Verwandtschaft durchaus sehr mächtig sein. Doch Männer – und fast ausschließlich Männer – dominierten die Öffentlichkeit. Dass 1948 das Grundgesetz von 61 Männern und nur vier Frauen formuliert wurde, ist eine trauriges Dokument dieser Zeit.

Dass noch einiges zu tun bleibt, um aus klischeehaften Rollenzuweisungen vollständig auszubrechen, zeigt ein Blick in die heutigen Medien. Ob Diät-Kult in den sogenannten Frauenzeitschriften oder die Schmink-Tutorials superblonder Instagram-Influencerinnen: Die Zuschreibung, was angeblich weiblich sei, hat noch nicht aufgehört. Andererseits gibt es Hinweise darauf, dass auf einigen Gebieten tatsächlich unterschiedliche Präferenzen zwischen den Geschlechtern existieren. In den skandinavischen Ländern, die als am weitesten fortgeschritten im Erreichen der Gleichberechtigung gelten, ist es immer noch so, dass junge Männer vornehmlich in die technischen Berufe gehen, während junge Frauen Arbeitsplätze wählen, in denen soziale und kommunikative Kompetenz, entscheidend sind.

Doch daraus kann man keine Argumente gegen das weitere Streben nach gesellschaftlicher, ökonomischer und politischer Gleichheit ableiten, wie es einige Konservative tun. Manches ändert sich nur langsam, aber stetig. 2022 war in Deutschland immerhin rund ein Drittel der Studierenden in den mathematischen, naturwissenschaftlichen und technischen Fächern weiblich. Der Siegeszug der Frauen wird weitergehen. Und das ist gut so – nicht nur wegen der historischen Gerechtigkeit. Als Mann kann ich sagen: Es ist auch besser für Männer. In der griechischen Mythologie trägt Atlas die Welt auf seinen Schultern. Man muss sich nur die vielen Darstellungen des die Weltkugel stemmenden Atlas in der Kunst ansehen. Auf allen, die ich kenne, macht der starke Mann einen gequälten Gesichtsausdruck. Vermutlich würde er sich freuen, wenn ihm eine Frau das halbe Gewicht der Welt abnähme.

Euer Papa

14

Männer

Liebe Amelie, lieber Moritz,

von den Stunden, die ich am Rand von Kinderspielplätzen verbrachte, blieb nicht viel in meinem Gedächtnis zurück. Eine Szene, an die ich mich gut erinnere, spielte sich zwischen einem mir unbekannten jungen Vater und seinem etwa fünfjährigen Sohn ab. Der Mann scheuchte das Kind die Spielgeräte hinauf, mahnte höher zu klettern, weiter zu springen und riskanter zu balancieren. Was der kleine Sohn widerwillig und offenbar unter Angst und Qualen tat. Es war eine der Situationen, in denen man sich fragt, ob man nicht doch einmal anderen Eltern in ihre Erziehung reinreden sollte. Das Männlichkeitsverständnis, das dieser Vater an seinen Sohn weitergab, war damals schon aus der Zeit gefallen. Die meisten modernen Männer würden ihre kleinen Söhne heute nicht mehr zu Disziplin und Härte anstacheln. Sie begreifen Männlichkeit anders als frühere Generationen. Aber wie?

»Wann ist ein Mann ein Mann?«, fragte der Sänger Herbert Grönemeyer in einem Lied aus dem Jahr 1984. Damals war »Gender« noch ein Nischenthema für kleine akademische Zirkel. Aber der Feminismus war bereits im Mainstream angekommen und hatte die klassischen Rollenbilder in Frage gestellt. Noch polterte Götz George als »Schimanski« abwechselnd betrunken oder verkatert durch den Duisburger »Tatort«. Doch er war bereits ein Auslaufmodell. Dabei war die Figur Schimanski zehn

Jahre zuvor selbst ein neuer Männertypus. Laut Wikipedia stellte der raubeinige Kommissar »einen von der 68er-Bewegung beeinflussten Mann dar, der immer noch gegen die Generation der NS-Zeit rebellierte«. Seither ist der »neue Mann« vielmals gefordert, entdeckt und erfunden worden – zumeist von Frauenzeitschriften.

Aber wie war eigentlich der »alte« Mann, der Mann meiner Kindheit? Da fallen mir sofort die »grauen Herren« aus dem Roman »Momo« von Michael Ende ein. Die meisten Männer, die das damalige Straßenbild prägten, trugen tatsächlich graue Anzüge weiße Hemden und Krawatten, sofern sie in Büros arbeiteten – was etwa ein Viertel der männlichen Bevölkerung tat. Die Mehrheit schuftete noch an Maschinen in Werkshallen. Aber am Wochenende trugen auch die Arbeiter Anzug, weißes Hemd und Krawatte. Nach und nach verschwanden die Hüte. Auf alten Fotos aus der Weimarer Republik tragen noch alle Männer Hüte oder Mützen. Ein anderes Accessoire war typisch für die glattrasierten und rauchenden Männer meiner Kindheit: die Aktentasche. Selbst von Rudi Dutschke, dem prominentesten studentischen Wortführer der späten 1960er-Jahre, gibt es Fotos, auf denen er mitten im Protestgetümmel eine Aktentasche trägt.

Worin bestand Männlichkeit abgesehen von Aktentaschen und Krawatten? Es war nicht mehr die soldatische Zucht der Großväter. Das westliche Nachkriegsdeutschland war eine Republik der Zivilisten. Über die Kriegserfahrungen wurde in den meisten Familien eisern geschwiegen, so auch in meiner. Der ideale deutsche Mann von damals war ein strebsamer Familienvater, bieder, freundlich, nicht mehr preußisch autoritär. In Spielfilmen wurde dieser Typus von Heinz Rühmann oder Gustav Knuth verkörpert, in der komischen Variante von Heinz

Erhardt. In der Reklame war der Familienmann als freundlicher Patriarch zu sehen, der von seiner Frau mit Pudding verwöhnt wird, sich von ihr die Pfeife anzünden und einen Cognac einschenken lässt. Pflichtbewusstsein galt als typisch männliche Eigenschaft. Männer trugen Verantwortung für das Einkommen, das Auto und die öffentliche Ordnung. Und dann gab es da noch den britisch-amerikanischen Typus, der obendrein noch Leichtigkeit, Eleganz und Humor zu bieten hatte, ein perfekter Gentleman war und besser aussah. In idealer Form verkörpert durch den Schauspieler Cary Grant. Frauen durften durchaus eine eigene Meinung haben und oftmals sogar bestimmen, wo es langgeht. Doch nur »Mannweiber« taten dies in der Öffentlichkeit. Das Pendant zum freundlichen Patriarchen war die kluge, umsichtige und sparsame Hausfrau, stets bereit, Stolz und Würde ihres Gatten auszuschmücken.

Das sollte sich Ende der 1960er-Jahre heftig ändern. Das erste Signal waren die Haare. Nachdem die Beatles damit angefangen hatten, ließen sich junge Männer die Haare wachsen. Das führte zu erbittertem Streit in vielen Familien, so auch in meiner. Meine Eltern konnten nicht verstehen, dass ich mich derart »verunstaltete«. Wahrscheinlich war es ihnen auch peinlich gegenüber den Nachbarn. Seit mehreren Generationen wurde langes Haar mit Weiblichkeit in Verbindung gebracht. Dass in früheren Jahrhunderten auch Männer ihr Haar wachsen ließen, war in Vergessenheit geraten. Meine Hinweise auf Einstein, Goethe und Jesus überzeugte die Eltern nicht. Kurz darauf waren die ersten Hippies zu sehen in bunter Kleidung mit Halsketten und anderem »weiblichen« Schmuck. Innerhalb weniger Jahre verschwand der Nachkriegs-Einheitslook für Männer. Zwar gab es schon vor den Beatles normabweichende Moden, beispielsweise die Bluejeans der »Halbstarken«, wie die Rock'n'Roll-Jugend in Deutschland genannt wurde. Doch deren Kleidung war zwar ungewöhnlich, aber nicht unmännlich und daher bei Weitem nicht so provokativ. Was auf die bunten Hippieklamotten folgte, ist bekannt. Danach wechselten die Moden der Männer ebenso wie die der Frauen. Viele unterschiedliche Stile prägen das heutige Großstadtbild, von rosa Jogginganzügen garniert mit dicken Goldketten über knallige Bikertrikots bis zum Neo-Hippie-Stil der Ed-Sheeran-Fans und Dutzenden anderen Outfits und ihren Mischformen.

In den neuen Kleidern stecken auch neue Männer. Was unterscheidet sie von den Familienvätern meiner Kindheit? Pauschal kann ich das nicht sagen. Die liberale Gesellschaft bietet Männern wie Frauen viele Lebensstile an, die man auch wechseln kann. Wenn ich vor meinem geistigen Auge heutige Männer jenen von gestern gegenüberstelle, fällt mir auf, dass die meisten sich weniger steif bewegen. Man hört seltener formelle Floskeln und autoritäre Anweisungen. Männer gehen jetzt in die Hocke, wenn sie mit kleinen Kindern sprechen. Die meisten spüren wohl nicht mehr den Druck, dass das wirtschaftliche Überleben der Familie allein auf ihren Schultern lastet. Ehen sind partnerschaftlicher geworden. Das ständige Bemühen, würdevoll, diszipliniert und kontrolliert zu wirken, wich einer neuen Lockerheit. Andererseits gibt es männliche Attribute, die früher weitaus weniger Beachtung fanden. Angefangen von der Rosa- und Blau-Unterteilung bei Babywäsche, die jünger ist, als viele glauben. Fleisch grillen, Actionfilme und fanatisches Bekenntnis zu einem Fußballclub gelten mittlerweile als dezidiert männlich, während das einstige Männerthema Auto auf dem Rückzug ist, zumindest in der urbanen Mittelschicht. Der männliche Körper wird heute fast ebenso streng klassifiziert wie der weibliche. Millionen Männer bemühen sich in Sportstudios um eine schlanke, muskulöse Figur, die mit Erfolg assoziiert wird. Einst mussten nur die Frauen so viel Zeit in die Optimierung ihres Aussehens stecken.

Das Internet und insbesondere die Social Media verschafften erstmals auch denen eine große Bühne, die dem Rollenbild des erfolgreichen Mannes nicht entsprechen. Sie fühlen sich von Frauen überholt und missachtet und igeln sich in einer männerbündischen Subkultur ein, in der man gemeinsam Frustration in Wut umwandelt. Sie wollen »echte Kerle« sein, und glauben, dass ihnen Macht, Geld und sexuell verfügbare Frauen »natürlicherweise« zustehen. Typische Exemplare dieses Milieus kann man auf den Bildern vom Sturm aufs Kapitol in Washington 2021 sehen. Manche bekennen sich als »Incels«, Männer, die ungewollt sexuell enthaltsam leben, und sehen sich als Opfer einer weiblichen Verschwörung. Misogynie ist nichts Neues. Auch ich kannte Jungs, die ihre sexuelle Frustration mit Frauenhass kompensierten. Der Kulturtheoretiker Klaus Theweleit beschrieb misogyne Männerwelten aus der ersten Hälfte des 20. Jahrhunderts. Neu ist lediglich die digitale Vernetzung, die es solchen Milieus ermöglicht, sich relativ einfach zu organisieren.

Die Vielzahl der Rollen, die ein Mann heute einnehmen kann, hat ihn freier gemacht, aber auch verunsichert. Das Bild vom idealen Mann ist diffus und volatil geworden. Viele Heterosexuelle haben das Gefühl, es den Frauen nie recht machen zu können. Die moderne Mischung aus beruflichem Erfolg, sorgendem Kindsvater, lustigem Kumpel, sexy Lover und sensiblem Gesprächspartner mit einem Schuss Macho ist ein kunstvolles, jedoch wackliges Konstrukt, das leicht umkippt.

Euer Papa

15

Sport

Liebe Amelie, lieber Moritz,

für euch und fast alle eurer Generation ist Sport fester Bestandteil eines gesundheitsbewussten Lebens. Doch so allgegenwärtig und wichtig war er nicht immer. Kaum zu glauben, aber früher gab es junge Menschen, die Sport kein bisschen interessierte – und das waren gar nicht so wenige. Nur die bravsten Streber in meiner Klasse schwänzten den Sportunterricht nicht. Reck und Barren betrachteten wir als Folterinstrumente, sportliche Disziplin als faschistoid. In meinem Bücherregal stand ein gelbes Bändchen des März Verlages: »Sport und Sexualität«. Darin argumentiert der Autor Ulrich Dix (Expolizist und Exleistungssportler), dass Sport »Aggressionen unvorstellbaren Ausmaßes züchtet«, »Jugendliche von ihrer Sexualität abzulenken versucht« und durch Sport »unreflektiert und ahnungslos der Nährboden vorbereitet wird, auf dem die Herrschenden säen und ernten«. Die hessische Naturfreundejugend forderte »Vögeln statt Turnen!«, und die *Bild*-Zeitung alarmierte ihre Leser: »Schüler wollen Liebe in der Turnhalle!«

Es war eine kleine Sensation als die *taz* 1983 eine Sportseite einführte, die den ironischen Rubriktitel »Leibesübungen« erhielt. Einer der damaligen Initiatoren schrieb später, wie schwierig es war, das *taz*-Plenum davon zu überzeugen, da insbesondere die Redakteurinnen Sportjournalismus »als dumpfe Machomacke ablehnten«.

Später Geborene können sich kaum vorstellen, wie unwichtig körperliche Ertüchtigung für Jugendliche damals war – zumindest für den Teil der Jugend, der gegen Eltern und Lehrer rebellierte. Statt in Fitnessstudios oder Fußballstadien traf man sich lieber kiffend oder knutschend im Stadtpark. Natürlich gab es auch damals Fußballfans, aber das waren entweder Spießer oder Kinder. In der Altersgruppe 15 bis 25, die den damaligen Zeitgeist auf ihrer Seite hatte, besaßen Kenntnisse über Mittelstürmer oder Torstatistik keinerlei Statuswert. Keiner meiner Freunde hätte damit ein Gespräch begonnen, geschweige denn versucht, ein Mädchen zu beeindrucken.

Das hat sich gründlich geändert. Sport wurde zur wichtigsten Freizeitbeschäftigung vom Kindergarten bis zum Altersheim. Kein Wunder in einer postindustriellen Gesellschaft, in der die allermeisten Berufe im Sitzen ausgeübt werden. Ohne Sport würden Krankheiten aufgrund von Bewegungsmangel vermutlich pandemische Ausmaße erreichen. Sportliche Motivation bringt die Menschen dazu, nicht auf der Wohnzimmercouch einzurosten. Durch Sport erfahren Kinder spielerische Freude am Ausagieren ihres Körpers. Bewegungsmangel macht krank, das ist bewiesen. Aber muss die körperliche Bewegung nach den Regeln des Sports abgeleistet werden? Dafür gibt es bis heute keinen wissenschaftlichen Beweis. Der Kardiologe Richard Rost, Vater der deutschen Fitnesswelle, formulierte es so: »Der Sportler lebt nicht länger. Er stirbt aber gesünder.«

Heute klingt es unglaublich, aber das berühmte »Wunder von Bern« war weder in meiner Schule noch im Freundeskreis oder im Elternhaus je ein Thema. Ich hatte davon noch nie gehört. Mittlerweile wird der Sieg bei der Fußballweltmeisterschaft 1954 retrospektiv als quasi zweiter

Gründungsakt der Bundesrepublik Deutschland dargestellt. Dass entspricht jedoch der heutigen Bedeutung dieses Sports, nicht der damaligen. Bei YouTube kann man die Wochenschauen des Jahres 1954 ansehen. In der Zeit, bevor alle Familien Fernsehgeräte besaßen, informierten solche Kino-Nachrichtensendungen über das Weltgeschehen. Vom Sieg der deutschen Fußballmannschaft in Bern wird in der Wochenschau an letzter Stelle berichtet. Nicht nur, dass diverse Neuigkeiten aus aller Welt wichtiger waren. Selbst im Sportteil bekamen ein Autorennen und ein Pferderennen höhere Priorität. Fußball war ein Sport unter vielen – und Sport ein Hobby unter vielen.

Der Triumpf des Sports begann mit der »Trimm-dich-Bewegung«, die 1970 vom Deutschen Sportbund ausgerufen wurde, weil die westdeutschen Sportvereine über Mitgliederschwund klagten. Dorfbürgermeister ließen Waldwege zu »Trimm-dich-Pfaden« umbauen. Überall klebte nun das Logo der Kampagne, das kleine, grinsende Trimm-dich-Männlein mit dem hochgereckten Daumen. Die Marketing-Bemühungen hatten Erfolg: Zehn Jahre später freuten sich die Sportvereine wieder über Zuwachs. Es wurde üblich, dass Eltern ihre Kinder zum Vereinssport schicken.

Seither wurde das öffentliche und private Leben in einem damals unvorstellbaren Maße sportifiziert. Ob jemand surft oder sich fürs Bouldern begeistert, Fußball spielt oder Moutainbike fährt ist wichtiger geworden als die Bücher, die er liest. Körperliche Fitness wurde zu einem Muss für alle ambitionierten jungen Menschen. Fußball gehört – zumindest für Männer – zu den Fundamenten der Persönlichkeit. Der Soziologe Norbert Elias betrachtete den Sport als Ersatzhandlung für Menschen, die ihren allseits abgesicherten Alltag als langweilig empfinden.

Ihnen fehle der Reiz des Überlebenskampfes, der Jahrtausende lang zur menschlichen Existenz gehörte.

Mit der anschwellenden Sportwelle explodierte auch das Angebot für Spezialausrüstungen aller Art, vom bunten, hautengen Radfahrertrikot bis zu Stöcken für Nordic Walking. Außerhalb von Turnhallen und Sportplätzen wurden Trainingsanzüge früher lediglich von ungewaschenen Männern getragen, die am Kiosk Bier tranken. Seit Beginn des 21. Jahrhunderts gehören sie zur Alltagskleidung von Millionen, ebenso wie Turnschuhe – nun Sneakers genannt.

Menschen stählen ihre Muskeln in Fitnessstudios. Politiker lassen sich beim Joggen fotografieren. Journalisten nehmen die Welt durch die Brille des Sports wahr und stellen bei jeder Gelegenheit Ranglisten und Charts auf. Filme glänzen mit akrobatischen Stunts statt mit Handlung. Bräuche aus der Sportwelt werden in andere Lebensbereiche übertragen. Ein Beispiel ist das gemeinschaftliche Hüpfen, mit dem Fußballfans ihre Mannschaft anfeuern. Es wird mittlerweile auch auf politischen Demonstrationen praktiziert. Vor ein paar Jahren noch hätte hüpfender Protest nur lächerlich gewirkt. Tennisarme und andere sportbedingte Krankheiten sorgen für volle Arztpraxen und Krankenhäuser. Es gibt mittlerweile mehr Sportverletzte als Menschen, die im Straßenverkehr zu Schaden kommen.

Sport war das Einfallstor. Das Ideal unermüdlicher Leistungssteigerung und Selbstoptimierung durchdrang alle gesellschaftlichen Bereiche. Die hedonistische Sex-and-Drugs-and-Rock'n'Roll-Utopie einer aufbegehrenden Jugend wurde ins Museum abgestellt, belächelt von fitten, stets motivierten Karrieristen in Turnschuhen, die stolz darauf sind, bis Mitternacht durchzuarbeiten. »Die Bereitschaft, sich zu quälen, ist heute deutlich größer als im ausgehenden 20. Jahrhundert«, konstatiert der Medizinhistoriker Wolfgang Eckart. Der Körperdisziplin folgte die Zurichtung des Geistes. Wird dieser Trend sich immer weiter verstärken? Vielleicht hat er seinen Gipfel schon überschritten. Inzwischen ist eine neue Generation angetreten, die Leistung zwar nicht verweigert, aber bereits im Vorstellungsgespräch ihre Work-Life-Balance thematisiert.

In den 1970er-Jahren hatte ich das kleine Trimm-dich-Männlein nicht ernst genommen. Ich ahnte nicht, was es vorhatte. Es veränderte die Welt. Jetzt haben wir den Fitness-Salat. Das Gegenteil von »Vögeln in Turnhallen« hat sich durchgesetzt: Heute sind selbst beim Sex Leistungswille und »Performance« angesagt.

Euer Papa

16

Drogen

Liebe Amelie, lieber Moritz,

Pubertät ohne Rausch gibt's vermutlich selten. Wann ihr zum ersten Mal heimlich Alkohol getrunken habt, erfuhr ich erst, als ihr erwachsen wart. Ein paarmal haben wir Eltern es damals mitbekommen und machten uns Sorgen, aber nicht allzu sehr. Jugendliche sprechen mit Eltern meist nicht über Rauscherfahrungen. Ebenso wie Eltern vor ihren Kindern nicht über die Drogenexperimente aus der eigenen Jungend reden. Das ist vielleicht auch besser so. Denn eine zu frühe Konfrontation mit diesem Thema kann Schaden anrichten.

»Saufen ist Urlaub im Kopf«, sagt ein bierseliger Wirtshausgast in einem Cartoon von Achim Greser und Heribert Lenz. Das Bonmot trifft nicht nur auf Alkohol zu. Ferien von der Last des Verstandes versprechen eigentlich alle Mittel, mit denen Menschen ihr Gehirn betäuben oder euphorisieren. In meiner Kindheit war für 99 Prozent der Deutschen Alkohol die einzige Droge. Später stieg die Bereitschaft anderes auszutesten, meist verbunden mit neuen Subkulturen. Die Vielfalt der Drogen erweiterte sich parallel zur Fülle der Reisemöglichkeiten. In den frühen 1950er-Jahren reichte das Urlaubsbudget der meisten Deutschen bestenfalls für eine Sommerfrische am Nord- oder Ostseestrand oder Hüttenferien in den Alpen. Die Auswahl der Rauschmittel beschränkte sich zumeist auf heimische Produkte wie Bier, Korn, süßen Rheinwein oder

Obstler. Als man sich dann in den frühen 1960er-Jahren mit VW-Käfer oder NSU-Prinz bereits nach Italien oder Spanien vorwagte, kamen Rotwein, Cognac, Campari und Martini hinzu.

Mit der Jugendrebellion der 1960er- und 1970er-Jahre erweiterte sich der Horizont erheblich. Die ersten Hippies trampten nach Afghanistan, Marokko oder bis nach Indien. Entsprechend wurde auch das Portfolio der Rauschdrogen internationaler. Haschisch und Marihuana waren bald in jedem Provinzgymnasium erhältlich. Die US-Soldaten (damals noch Wehrpflichtige, die die Armee hassten) brachten die Psychodroge LSD. Die Zeit heiterer und übermütiger Drogenexperimente währte nur ein oder zwei Sommer. Dann nahm das Elend seinen Lauf. In den Großstädten hatte das Heroin Einzug gehalten, und bereits in den frühen 1970er-Jahren lagen die ersten Jugendlichen tot mit der Spritze im Arm auf Bahnhofstoiletten. Eine rapide steigende Zahl junger Suchtkranker finanzierte ihren Heroinkonsum mit Diebstahl, Prostitution und Raub. Gleichzeitig landeten zahlreiche LSD-Konsumenten in der Psychiatrie, weil ihre Halluzinationen übermächtig wurden und dauerhaft blieben. Hatten wir die Drogenwarnungen der Lehrer und anderer Erwachsener zuvor lachend in den Wind geschlagen, so wurde uns jetzt schlagartig klar, dass es Rauschmittel gab, mit denen nicht zu spaßen war. Spätestens als die ersten Mitschüler an dem Zeug starben.

Ein Unterschied der Drogenkultur von damals und heute liegt darin, dass es keine Zweiteilung der Gesellschaft mehr gibt. Grob eingeteilt kann man sagen, dass bis in die 2000er-Jahre eine große Mehrheit der deutschen Bevölkerung sich mit den Freuden des Alkohols zufriedengab. Demgegenüber stand eine Minderheit, die experimentierfreudig andere Mittel ausprobierte. Zunächst war es das jugendliche Hippiemilieu, in dem Cannabis und Halluzinogene wie LSD, Meskalin und Psilocybin konsumiert wurden. Die Yuppies der 1980er- und 1990er-Jahre brachten sich mit Kokain in Stimmung. In der parallel aufkommenden Techno-Szene waren es dann synthetische Drogen wie MDMA, mit denen man die Nächte durchtanzte.

Mittlerweile sind die Milieus durchlässiger geworden, die gesamte Gesellschaft geht in Richtung multipler Substanzgebrauch. Kiffen ist schon lange nicht mehr an eine kreative Gegenkultur gebunden. Während ich diese Zeilen schreibe, kündigt die Bundesregierung an, Cannabis zu legalisieren. Dass Konsumenten alternativer Drogen den Alkohol verschmähen und umgekehrt, stimmt auch schon lange nicht mehr. Was früher exotisch war, fand Eingang in den Normalhaushalt. Schlimmstes Beispiel: die Opiatkrise in den Vereinigten Staaten, an der bereits Tausende starben. Zwar gab es schon immer brave Bürger, die ihre Drogensucht nach außen verbargen. Der Rolling-Stones-Titel »Mother's Little Helper« (1966) handelte davon. Doch die multitoxische Hausapotheke ist mittlerweile ein Massenphänomen. Auch im schlimmsten Elendsmilieu wurde die Konvergenz der einst gegensätzlichen Rauschkulturen sichtbar. Noch in den 1990er-Jahren waren die auf der Straße lebenden Suchtkranken deutlich zu unterscheiden. Alkoholiker sahen völlig anders aus als Junkies. Beide Gruppen blieben unter sich. Heute kann man sie nicht mehr auseinanderhalten. Sie vermischen sich und ihre Drogen.

Parallel zur Verbreitung diverser illegaler Drogen setzte zunächst in Nordamerika, später in Europa die Abkehr vom Tabak ein. Dieses stark süchtig machende Genussmittel war in meiner Kindheit allgegenwärtig. Überall und bei jeder Gelegenheit wurden Zigaretten geraucht: zwischen den Gängen beim Essen, im Flugzeug und im Auto (auch mit Kindern auf dem Rücksitz). Mittlerweile undenkbar, damals normal. Zigaretten waren im Straßenbild so häufig zu sehen wie heute die Wasserflaschen in den Händen meist jüngerer Passanten. Ein faszinierendes Beispiel dafür, dass auch tief verwurzelte und weit verbreitete Gewohnheiten innerhalb weniger Jahre aussterben können.

Manchmal frage ich mich, wie würden meine Freunde und ich heute mit Drogen umgehen, wenn wir nochmal jung wären? Schwer zu sagen. Das gesellschaftliche Umfeld hat sich stark gewandelt. Man kann mit einem Joint in der Hand keine Spießer mehr provozieren. Der Reiz des Verbotenen war damals eine starke Verlockung. Wir kamen uns wagemutig vor und fühlten uns den Angepassten und Vorsichtigen überlegen. Heute sind Kiffen und Koksen keine Akte der Rebellion mehr, sondern Bestandteile einer hedonistischen Konsumkultur, die alle Generationen umfasst. Manche Jugendliche erleben peinlich berührt, wie auf Partys ihrer Eltern fröhlich gekifft wird. Diese familiäre Entspanntheit hält heutige Jugendliche jedoch nicht davon ab, es selbst auszuprobieren. Wahrscheinlich ist der Rausch eine anthropologische Konstante, denn jeder braucht gelegentlich etwas »Urlaub im Kopf«.

Euer Papa

17

Arbeit

Liebe Amelie, lieber Moritz,

als ihr noch sehr klein wart, führte ich einmal einen Zaubertrick vor, bei dem ich ein Gummibärchen verschwinden ließ. Ich fragte Moritz, wo das Gummibärchen nun sei, und er antwortete: »arbeiten«. Für euch bedeutete »arbeiten« nichts weiter als Abwesenheit des Vaters. Wenn ich nicht bei euch war, dann war ich arbeiten. Das hattet ihr oft gehört. Zu den glücklichen Umständen meines Lebens zählt es, dass mir ein relativ großer Teil meiner Arbeit Freude bereitete und – um es marxistisch auszudrücken – nicht »entfremdet« war. Ein Privileg, das wenige Menschen genießen.

Die technische Seite meiner Arbeit veränderte sich durch die digitale Revolution gewaltig. Da ging es den Journalisten nicht anders als vielen anderen Berufen. Meine ersten Zeitungsartikel schrieb ich noch auf einer Schreibmaschine. Doch schon bald führte die *taz* »Tandys« ein, die ersten einfachen Schreibcomputer. So gut wie jedes Jahr kamen weitere neue Techniken hinzu. Bald tippte man als Redakteur in sogenannte »Masken«, also direkt ins Layout. Die Setzer und mehrere andere Berufe, die zuvor dafür gesorgt hatten, dass die Schreibmaschinentexte der Journalistinnen und Bilder der Fotografen auf eine Zeitungsseite übertragen wurden, verloren ihre Arbeit. Für mich fand die größte Revolution meines Journalistenlebens 1993 statt, als mein Freund Till aus Amerika zurückkommend mir vom Internet berichtete. Plötzlich hatte ich Zugriff auf Textquellen aus aller Welt. Tagelange Recherche in Bibliotheken schrumpfte auf ein paar Minuten, in denen ich per Stichwortsuche die gewünschten Informationen auf meinen Bildschirm holte.

Im Laufe der folgenden Jahre erfasste die Digitalisierung nahezu alle Berufe. Heutige Waldarbeiter steuern die Instrumententafel im »Harvester«, einer mobilen Baumfällmaschine, deren Armaturen dem Cockpit eines Flugzeugs gleichen. Bauern sitzen nicht nur für die Betriebsabrechnung am Computer, sondern regeln damit auch die Fütterung ihrer Stalltiere, die Düngermenge auf dem Acker und andere technische Abläufe. In meiner Kindheit waren von Ochsen gezogene Pflüge und Baumfällarbeiten mit Axt und Säge zwar nicht mehr auf der Höhe der damaligen Technik, aber auch kein seltener Anblick. Fast jeder hatte einen oder mehrere Bauern in der Familie oder kannte zumindest einen. 2023 liegt der Anteil der in der Landwirtschaft Beschäftigten nur noch bei 1,2 Prozent der Bevölkerung, was offenbar genügt, um den Rest zu ernähren. Fast die Hälfte der berufstätigen Männer war zu Beginn der 1960er-Jahre Arbeiter. Das Wort »Proletarier« hatte noch einen stolzen Klang und signalisierte Klassenbewusstsein. Abfällige Verhunzungen wie »Proll« oder »prollig« waren mir unbekannt. Heute besteht ein Großteil der auf ein Minimum reduzierten Fabrikarbeitsplätze ebenfalls in der Überwachung digital gesteuerter Fertigungsprozesse.

Der zweite große Umbruch meines Berufslebens war die Medienkrise, die in den 2000er-Jahren begann und sich bis heute (2023) weiter verschärfte. Seither ergeht es den Journalisten wie einst den Bergleuten. Eine Entlassungswelle folgt der nächsten. Ein ehemals angesehener und gut bezahlter Beruf wird zur Ramschware. Durch digitale Gratisangebote verloren die großen Zeitungen und Zeitschriften rasant an Bedeutung. Niemand muss mehr bestimmte Blätter lesen oder Nachrichtensendungen ansehen, um informiert zu sein und mitreden zu können. Mit einiger Verzögerung erfasste die Krise auch die Fernsehsender. Wie die Medienbranche in zehn Jahren aussehen wird, weiß heute niemand. Es fällt auf, dass der Berufsstand, der sonst über jede Krise ausführlich berichtet, zum eigenen Abstieg wenig publiziert. Wie ihr wisst, habe ich die schlechten Zeiten gut überstanden. Doch war es kein Vergnügen, am Ende des Berufslebens den Niedergang eines ehemaligen Traumberufes mitzuerleben.

2022 wurde die Medienbranche von einer weiteren digitalen Revolution erschüttert. Das amerikanische Unternehmen OpenAI stellte ChatGPT ins Netz. Dieser Prototyp eines Sprachroboters kann zu beliebigen Themen Texte erstaunlicher Qualität erstellen und wird immer weiter verfeinert. Unter Journalisten und anderen Berufen, in denen sprachliche Kompetenz zählt, geht die Angst um, dass menschliche Formulierungskunst und die Fähigkeit Informationen intelligent zu recherchieren, bald überflüssig werden. Erregt debattieren Laien und Experten, ob eine auf Algorithmen basierende Maschine in der Lage sei, Kreativität, Originalität, Emotionalität und »gesunden Menschenverstand« täuschend echt zu imitieren.

Wirtschaftskrisen, Phasen der Massenarbeitslosigkeit, der Siegeszug der Digitalisierung und das Verschwinden der körperlichen Arbeit veränderten den Charakter vieler Berufe. Mehrmals kam es in meinen Lebzeiten zu Krisen, in denen viele Menschen ihren Arbeitsplatz verloren. Doch in den meisten Jahren stieg die Zahl der Erwerbstätigen. Seit der Wiedervereinigung nahm sie in zwei von drei Jahren zu. Im Kontrast zu den Prognosen vieler Wirtschaftsexperten, die immer wieder vorausgesagt hatten, dass der technische Fortschritt, insbesondere die Digitalisierung, zu einem drastischen Schwund von Arbeitsplätzen führen werde.

Ein erfreulicher Wandel der Arbeitswelt war das Vorrücken der Frauen in Berufe, die zuvor Männern vorbehalten waren. Die berufstätigen Frauen, die ich in meiner Kindheit wahrnahm, waren Kindergärtnerinnen, Sprechstundenhilfen, Krankenschwestern oder Verkäuferinnen. Es galt in der Mittelschicht als sozialer Makel, wenn die Frau dazuverdienen musste. In den Medien wurde viel über das Problem der »Schlüsselkinder« berichtet. Kinder, die nach der Schule nicht von ihrer Mutter in Empfang genommen wurden, weil diese berufstätig war. Dass die natürlichen Aufgaben einer Frau im Haushalt und in der Betreuung der Kinder lagen, war so selbstverständlich wie die Kleiderordnung, die für Frauen Röcke, Blusen und adrette Frisuren vorsah. Richterinnen oder Tierärztinnen waren in meiner Kindheit seltene Ausnahmen. Heute ist die Hälfte der Richter weiblich, und männliche Tierärzte sind eine Rarität geworden. Polizistinnen gab es gar nicht, und sogar die Mehrheit meiner Volksschullehrer war männlich. Im Gymnasium sahen wir dann gar keine Lehrerinnen mehr. 2023 sind drei von vier Frauen zwischen 20 und 64 Jahren in Deutschland berufstätig. Der Anteil derer, die von Ehepartnern oder Eltern leben, sank auf 17 Prozent. Wie ich auf Klassentreffen feststellen konnte, ist keine meiner Mitschülerinnen Hausfrau geworden. Allerdings bevorzugen viele Frauen Teilzeitstellen. In technischen und naturwissenschaftlichen Berufsfeldern sind sie weiterhin stark unterrepräsentiert.

Die Bildungsrevolution der 1960er- und 1970er-Jahre

brachte immer mehr Abiturienten und Studierende hervor. Die jungen Akademiker strömten zu Tausenden in den öffentlichen Dienst. Viele meiner Altersgenossen strebten Berufe in den Bereichen Bildung und Soziales an. Auch sogenannte kreative Berufe waren in meiner Generation sehr beliebt. Steigender Wohlstand und mehr Freizeit führten zu einem Wachstum der Unterhaltungsmedien. So entstanden Tausende Arbeitsplätze für junge Menschen mit künstlerischen Ambitionen – ein völlig neues Phänomen. In früheren Epochen hatten es nur die Allerwenigsten geschafft, sich mit Kunst über Wasser zu halten. Alte Berufe starben aus, aber etliche entstanden neu. Die meisten im Bereich der Informationstechnologie, der Medien und der Dienstleistungen.

Der Wirtschaftsaufschwung der 1950er- und frühen 1960er-Jahre hatte zu Arbeitskräftemangel geführt. Es kamen die ersten Arbeitsmigranten, die man damals »Gastarbeiter« nannte. Später führte die Akademisierungswelle dazu, dass immer weniger Deutsche bereit waren, körperliche Arbeiten mit niedrigem Sozialstatus anzunehmen. Die fehlenden Arbeitskräfte kamen aus Italien, Spanien, Griechenland, Jugoslawien und der Türkei. Nach dem Zusammenbruch des Ostblocks gesellten sich Osteuropäer hinzu. Die meisten von ihnen wollten nur eine Weile bleiben, Geld verdienen und dann zurückkehren. Was viele auch taten. Doch manche blieben auf Dauer, insbesondere Millionen Türken. Dadurch verwandelten sich viele Städte. In Bamberg, wo meine Eltern und ich in den 1960er-Jahren lebten, zogen die Neuankömmlinge zunächst in die heruntergekommenen Altbauten der Innenstadt. Während die jungen deutschen Aufsteiger-Ehepaare in die gerade errichteten Neubauten zogen. Als ich ein Vierteljahrhundert später Bamberg besuchte, hatte ein Austausch stattgefunden. Die Eingewanderten wohnten nun in den ehemaligen Neubauvierteln. Und wenn ich durch die inzwischen herausgeputzte Altstadt ging, hörte ich die Geigen- und Klavierübungen der Bürgerkinder aus den schicken Altbauwohnungen. Bis die Bonner Regierungen begriffen hatten, dass ein Großteil der »Gastarbeiter« im Lande bleibt, dauerte es lang. Erst Jahrzehnte nach den ersten Einwanderungswellen wurden Hilfestellungen und Angebote zur Integration in Deutschland üblich. Aber da hatten sich in manchen Städten bereits Parallelgesellschaften gebildet.

Seit geraumer Zeit wächst eine neue Klasse heran, die Soziologen Dienstleistungsproletariat nennen. Viele junge Leute, die in den 2010er-Jahren eingewandert sind, gehören dazu. Sie verrichten Jobs, für die man kaum Ausbildung benötigt und die von Biodeutschen gemieden werden. Die neue Mittelklasse hat viele lästige Alltagstätigkeiten an niedrig bezahlte Hilfskräfte in der Gastronomie, bei Paketdiensten, Reinigungsfirmen und anderen Serviceunternehmen ausgelagert. In der Vergangenheit konnten sich nur reiche Besitzbürger Hauspersonal leisten. Die Dienstboten von heute werden nach Bedarf gemietet. Nicht nur im Bereich der Alltagsservices, die auch Ungelernte ausführen können, auch unter qualifizierten Facharbeitern und Handwerkern ist ein hoher Migrantenanteil inzwischen die Regel. Auf Baustellen wird Polnisch oder Rumänisch gesprochen.

Das Arbeitsleben wirkt weniger identitätsstiftend als noch in meiner Jugend. Nur für die, deren Beruf einen hohen sozialen Status besitzt, steht die Arbeit immer noch im Mittelpunkt. Viele aus dem großen Heer der gleichförmigen Bürojobs empfinden das nicht mehr so. Eine Umfrage in Frankreich brachte 2023 zutage, dass nur noch für jeden

Fünften die Arbeit einen wichtigen Platz im Leben einnimmt. Während es früher üblich war, sich beim Kennenlernen mit dem Beruf vorzustellen, so gilt die erste Aufmerksamkeit heute häufig den Freizeitaktivitäten. Intensiv betriebene Sportarten, soziales Engagement, spirituelle oder künstlerische Neigungen bestimmen das Selbstbild vieler Menschen. Hieß es früher, »der Hans ist Schlosser«, so hört man heute als erstes, dass der Hans ein großer Bergsteiger, Biker oder Buddhist ist.

»Arbeit ist das halbe Leben« lautet eine in Deutschland häufig gebrauchte Redensart – die leider stimmt. Den Vielen, die entfremdet arbeiten müssen, wird dieses halbe Leben gestohlen. Ich bin froh, dass ihr beide das studieren konntet, was euren Interessen und Talenten entsprach, und die Möglichkeit hattet, euch einen Beruf auszusuchen. Hoffentlich werdet ihr möglichst viel eurer Arbeitszeit nicht allein fürs Geld leisten, sondern weil euch die Aufgaben wirklich interessieren. Das wäre ein großes Glück.

Euer Papa

18

Wohlstand

Liebe Amelie, lieber Moritz,

eure Oma weckte Obst für den Winter ein, kochte Marmelade und stopfte Socken. Obwohl es bereits in den 1970er-Jahren ökonomischer war, Obst, Marmelade oder Socken einfach im Laden zu kaufen. Sie tat das nicht als Hobby, sondern hatte diese Tätigkeiten aus der Zeit beibehalten, in der Einkochen, Selbermachen und Reparieren noch harte Notwendigkeiten waren und »Konsumgesellschaft« ein unbekannter Begriff. Als fertige Süßspeisen und andere Convenience-Produkte auf den Markt kamen, war ihr unverständlich, wer so etwas kaufen soll. Dass es Menschen gibt, die zu bequem sind, einen Pudding selbst anzurühren, konnte sie kaum glauben.

Der wachsende Wohlstand veränderte das Leben der Deutschen gewaltig. Meines, noch viel mehr das meiner Eltern. Nach heutigen Maßstäben waren in meiner Kindheit fast alle Menschen in meiner Umgebung arm – sie empfanden sich jedoch nicht als arm, sondern genossen den Frieden und die ersten Früchte des Wirtschaftswunders. Im Laufe meines Lebens stieg der Lebensstandard für die große Mehrheit immer weiter an. Für ein Pfund Butter musste ein Deutscher mit Durchschnittseinkommen 2022 acht Minuten arbeiten, 1950 eine Stunde.

Ob es für euch so weitergeht? Im Jahr 2022 geriet das Wachstum in vielen Ländern ins Stocken. Wirtschaftsinstitute meldeten die höchste Inflation seit 70 Jahren. Die

Pandemie und der Krieg Putins gegen die Ukraine unterbrachen Warenströme und Handelsrouten. Politiker riefen zum Stromsparen, zum Runterdrehen der Heizung und zum allgemeinen Komfortverzicht auf. Viele Bürger befürchten nun, ärmer zu werden. Ob das eintritt und wie dramatisch es wird, ist derzeit noch offen.

Im Jahr 2019 (vor der Covid-19-Pandemie) gaben die Deutschen 73,1 Milliarden Euro für Urlaubsreisen aus. Gut 78 Prozent der Bevölkerung unternahmen mindestens eine Urlaubsreise von fünf Tagen oder länger. In meinem Geburtsjahr 1956 konnte sich das nur ein knappes Viertel der Bürger leisten, und nur ein Bruchteil davon reiste ins Ausland. 1956 verdiente ein Arbeitnehmer in Westdeutschland im Durchschnitt etwas mehr als 400 Mark brutto. 2021 waren es über 4.000 Euro. Die Wohnfläche pro Einwohner stieg im gleichen Zeitraum von 15 auf 47 Quadratmeter. In Deutschland und anderen westlichen Industrieländern hat die Mehrheit der Bevölkerung ein Wohlstandsniveau erreicht, das früher nur einer winzigen privilegierten Schicht zugänglich war.

In der fränkischen Stadt, in der ich einen Teil meiner Kindheit verbrachte, gab es noch Holzbaracken (heute würde man Slums dazu sagen), in denen arme Leute lebten – vermutlich Displaced Persons oder Vertriebene. Ich weiß es nicht. Es war allgemein üblich, dass Kleider und Schuhe sorgfältig gepflegt und geschont wurden. Jüngere Kinder trugen auf, was den älteren zu klein geworden war. Möbel vererbte man. Lebensmittel wegzuwerfen, kam nicht in Frage. Es war die Übergangszeit zur Konsumgesellschaft, die nach und nach den Mangel ablöste, der jahrhundertelang normal war. Der im Westdeutschland der 1950er- und 1960er-Jahre rasant ansteigende Wohlstand veränderte das Leben gründlich. Eine der Folgen war, dass die Millionen sozialer Aufsteiger der Wirtschaftswunderzeit in Bildung für ihre Kinder investierten. So auch meine Eltern. Die auf Chancengleichheit ausgerichteten Reformen der Sozialdemokratie ebneten den Weg zu Abitur und Studium. Viele meiner Generation sind wie ich die ersten aus ihren Familien, die höhere Schulen besuchten.

Die Alten konnten den Wandel kaum fassen, denn der Hunger in der Endphase des Krieges und den ersten Nachkriegsjahren war noch in frischer Erinnerung. Sie erzählten uns von ihrer Kindheit, als viele nur ein paar Schuhe hatten und im Sommer barfuß gingen. Für sie waren wir Wirtschaftswunderkinder verwöhnte Schnösel, die keine Not kannten. Tatsächlich ist der massenhafte Wohlstandszuwachs der zweiten Hälfte des 20. Jahrhunderts ohnegleichen. Allein die normale Ausstattung einer Wohnung mit elektrischen Haushaltsgeräten und Unterhaltungselektronik übersteigt alles, was sich meine Omas je hätten vorstellen können. Die Auswahl an Lebensmitteln explodierte förmlich. Zahlreiche neue Erfindungen veränderten den Alltag, und die herkömmliche Technik wurde stetig verbessert. So sind etwa ein Fahrrad oder ein TV-Gerät weitaus komplexer und höherwertiger als in den 1960er-Jahren.

Die wirtschaftliche Situation ging nicht nur in den Industrieländern bergauf, sondern nahezu weltweit. Länder wie Südkorea, Taiwan oder Chile wurden in meiner Jugend noch zur »Dritten Welt« gezählt. In China kam es damals zu gewaltigen Hungersnöten mit Millionen Toten. Indien und Ägypten konnten dies nur dank Nothilfe aus Amerika abwenden. Das globale Durchschnittseinkommen hat sich seither mehr als verdoppelt. Wobei die Unterschiede zwischen den Ländern und zwischen Arm und Reich innerhalb der Länder weiterhin gewaltig sind. Der

Anteil extrem armer Menschen, die weniger als 1,90 US-Dollar am Tag zur Verfügung haben, sank auf zehn Prozent der Weltbevölkerung. In meiner Kindheit mussten zwei Drittel aller Erdenbewohner so prekär leben. Die Zahl der Kinder, die Schulen besuchen, stieg auf fast 90 Prozent. Seltsamerweise ist dieser Wohlstandszuwachs so gut wie nie ein Medienthema. Laut Umfragen glauben die meisten Deutschen, dass die Menschen auf der südlichen Halbkugel immer ärmer würden. Aber auch das Wohlstandswachstum im eigenen Land haben viele aus meiner Altersklasse längst vergessen und leben in dem Gefühl, es sei schon immer so gewesen.

Erst jetzt, wo Krieg und Pandemie globale ökonomische Verwerfungen bewirken, ist Wohlstand wieder ein großes Medienthema. Denn es besteht die Gefahr, dass erstmals seit Jahrzehnten die Armut wieder zunimmt. Sogar Hungersnöte drohen, da die Ernten aus der Ukraine und Russland möglicherweise nicht auf den Weltmarkt kommen.

Ist das eine vorübergehende Krise, oder geht es nach mehr als einem halben Jahrhundert Aufwärtsbewegung wieder bergab? Das ist unter Ökonomen umstritten. So, wie so ziemlich alles in der Wirtschaftswissenschaft umstritten ist. Einige schreiben, dass ihr in den 1990er-Jahren Geborenen die erste Generation sein werdet, die in ihrer Mehrheit nicht mehr das Wohlstandsniveau der Eltern erreicht. Manche halten das sogar für wünschenswert. Aus Sicht der Wachstumskritiker sind die Menschen in den Industrieländern schon jetzt viel zu wohlhabend, konsumieren und reisen viel zu viel, was zur Verbrennung fossiler Energieträger führt und somit zur Klimaerwärmung beiträgt. Nach ihrer Ansicht müssten wir den materiellen Lebensstandard massiv herunterfahren. Andere Ökonomen sagen voraus, dass ihr reicher sein werdet als meine Generation. So wie diese wohlhabender war als ihre Eltern, die wiederum den Standard der Großeltern übertrafen.

Wie es weitergehen wird? Keine Ahnung. »Jede Wirtschaft beruht auf dem Kreditsystem, das heißt auf der irrtümlichen Annahme, der andre werde gepumptes Geld zurückzahlen«, schrieb Kurt Tucholsky. Er glaubte nicht an Vorhersagen über wirtschaftliche Entwicklung und nannte Wirtschaftsforschung »die Metaphysik des Pokerspielers«.

Euer Papa

19

Kapitalismus

Liebe Amelie, lieber Moritz,

die bekanntesten deutschen Kapitalisten hießen in meiner Jugend Flick und Krupp. Sie hatten mit den Nazis paktiert, wie auch Abs, der damals prominenteste Banker. Dass man solche Typen enteignen sollte und den Kapitalismus abschaffen, darüber bestand Konsens in meinem jugendlichen Milieu. Für euch ist der Kapitalismus alternativlos, obwohl ihr nicht die Augen vor Ungerechtigkeiten und sozialem Elend verschließt. Und wahrscheinlich habt ihr damit recht. Denn alle Alternativen zum Kapitalismus, die nicht nur in der Theorie existierten, sondern in der Realität, waren ein Debakel. Diese Einsicht kann jeder gewinnen, der mit offenen Augen durch die Welt geht.

So erging es auch mir, als ich mit dem Geld aus den Ferienjobs immer mehr von der Welt kennenlernte. Das ermöglichte mir den Stand von Armut und Ungerechtigkeit in verschiedenen Ländern zu vergleichen. Leider schnitten Staaten mit Planwirtschaft dabei nicht gut ab. Die kommunistischen Länder Europas waren keine Enttäuschung. Was mich dort erwartete, hatte ich schon vorher gelesen. Sie waren, so dachte ich, eine stalinistische Pervertierung dessen, was meine Freunde und ich sich unter Sozialismus vorstellten. Bei den Hoffnungsträgern der antikolonialen Befreiung kam die Verunsicherung schon heftiger, in Tansania zum Beispiel. Da regierte damals Julius Nyerere. Er hatte im Westen den Ruf eines gebildeten und aufgeklärten

Menschenfreundes, nicht korrupt und voller gutem Willen. Nyerere schickte die Bauern mehr oder minder freiwillig in sozialistische »Ujamaa-Dörfer«, in denen es kein Privateigentum mehr gab. Die Folgen waren verheerend. Alle Lebensmittel wurden knapp und teuer, Seife, Benzin oder Zigaretten unbezahlbar. Nur der Schwarzmarkt funktionierte. Nyereres Glaube an kollektives Eigentum genügte völlig, um Tansanias Wirtschaft zu ruinieren.

Ein paar Jahre später führten mich Reisen nach Südostasien. Dort war mancherorts unübersehbar, wie die Massenarmut rapide abnahm. Doch meine Freunde interessierte es nicht, dass es den Menschen dort immer besser ging. Und zwar nicht nur den Oberschichten, sondern auch den Arbeitern und Bauern. Mitte der 1970er Jahre hatte der Club of Rome noch gewaltige Hungersnöte mit Millionen von Toten für diese Weltgegend prophezeit. Nun nahmen Südkorea, Malaysia und Hongkong ihren alten Kolonialherren die Märkte ab. Dabei hatten auch sie einmal genauso so arm wie Tansania angefangen. Die »Verdammten dieser Erde« holten gewaltig auf. Jedoch mit kapitalistischen Methoden.

Die Zweifel wurden nagender. Waren wirklich nur stalinistische Despoten an der Armut im Sozialismus schuld? Steckte hinter dem auffälligen Wohlstandsgefälle zwischen Nordkorea und Südkorea, BRD und DDR nicht doch ein prinzipieller ökonomischer Irrtum? In den neunziger Jahren las ich in dem Bestseller »Die Globalisierungsfalle« das Gegenteil: Nicht staatliche Planung und Bürokratie mache die Menschen arm, sondern Markt, Wettbewerb und freier Handel. Unter anderem sagten die Autoren dieses damals hoch gepriesenen Werkes voraus, dass die Entstaatlichung der Telekommunikation viele tausend Arbeitsplätze kosten werde. Kurz darauf trat das Gegenteil ein: Tausende Jobs entstanden bei den neuen Telefongesellschaften, und Telefonieren wurde für alle billiger. Meine antikapitalistische Gesinnung bekam Risse.

Zu eurer Schülerzeit hatte jeder die Namen Gates und Jobs schon mal gehört. Die meisten sprachen von ihnen voller Bewunderung, denn ihre Produkte waren für jeden zugänglich und offensichtlich nützlich. Der atemberaubende Aufstieg der Informationskonzerne zeigt: Nirgends vollzieht sich Wandel so schnell wie auf dem kapitalistischen Markt. Der Kapitalismus passt sich im Nullkommanix an jede gesellschaftliche und politische Veränderung an.

»Das gibt es nur bei uns in Gelsenkirchen«, hieß ein ironisches Chanson Georg Kreislers aus dem Jahr 1961, in dem er sich über die neureichen Westdeutschen lustig machte. Die Kohle- und Stahlstadt war zu diesem Zeitpunkt das industrielle Herz des Ruhrgebiets, eine Metropole wirtschaftlichen Aufschwungs. Die Namen westdeutscher Fabrikbesitzerdynastien standen für kolossalen Reichtum und wirtschaftliche Macht. Temps perdu. Das einstmals prosperierende Ruhrgebiet wurde zum Sanierungsfall. Dafür strotzt das 1961 noch arme Agrarland Bayern vor ökonomischer Kraft.

Wie oft innerhalb meines Lebens die Kraftzentren des Kapitalismus wechselten, zeigt die Fortune-500-Liste, auf der alljährlich globale Großkonzerne nach Umsatzstärke geordnet werden. 2021 findet man auf den oberen Rängen Amazon, Apple und den chinesischen Energieriesen State Grid. 1960 zählten Unternehmen wie Ford, General Motors und U.S. Steel zu den Höchstplatzierten. Nur der Ölkonzern Shell nahm sowohl damals wie heute einen Platz unter den zwanzig Größten ein. Aber man muss gar nicht so weit zurückschauen. Schon die Fortune-Liste von 1990 hat kaum Ähnlichkeit mit der heutigen. Die kalifornischen Internet-Riesen waren damals noch Zwerge. Auf Platz fünf rangierte der Computer-Saurier IBM.

Nichts auf der Welt kann sich schneller wandeln als der Kapitalismus. Wie ein Chamäleon wechselt er die Farbe, um sich jeder politischen Wende geschmeidig anzupassen. Jeden Zeitgeist weiß er zu vermarkten und für jede kulturelle Strömung die passenden Produkte zu liefern. Sein Erfolgsrezept ist der hemmungslose Opportunismus.

Ein schönes Beispiel für die innige Liaison zwischen Zeitgeist und kapitalistischen Interessen ist die Klimapolitik. Klima-Aktivisten wähnen sich selbst als antikapitalistische Rebellen im Kampf gegen die Öl- und Kohlekonzerne. Doch nicht nur auf der einen Seite des Kampfes gegen fossile Energieträger stehen handfeste ökonomische Interessen, sondern auf beiden. Industrie-Lobbyisten preisen ihre Technologien als Retter aus der Not an und verbreiten gemeinsam mit protestierenden Jugendlichen düstere Endzeitszenarien. Den Investoren in Elektroautos, Wind- und Solarindustrie füllt Klimapanik die Kassen. Auch Rückversicherer wie die »Munich Re« schüren Katastrophenängste, um die Preise ihrer Policen in die Höhe zu treiben. Selten in der jüngeren Geschichte kämpften Menschen, die sich links fühlen, so entschlossen für die Superreichen. »Die aktuelle Klimabewegung«, schrieb der Geologe und Wissenschaftsjournalist Axel Bojanowski in der Zeitung *Die Welt*, »hat einige der reichsten Leute der Welt auf ihrer Seite. Mit ihren Investitionen mehren Milliardäre und ihre Stiftungen Einfluss, leisten eigenen Investitionen in Erneuerbare Energien Vorschub, forcieren Warnungen vor der globalen Erwärmung und erhalten Steuervorteile.« Sie versuchen die Transformation in ihrem Sinne zu beschleunigen, indem sie über Stiftungen Klima-

Aktivisten und Journalisten fördern, die apokalyptische Szenarien verbreiten. Pikanterweise kommen einige dieser Geldgeber aus den Familien Getty und Rockefeller, die einst ihre Milliardenvermögen mit Ölförderung erlangten. Exemplarisch für diese Verbindung zwischen idealistischer Weltrettung und wirtschaftlichen Interessen war die Kampagne für einen Volksentscheid, der 2023 »Klimaneutralität« für Berlin forderte. Die Berliner Klimaretter bekamen dafür von Industriellen und Investoren aus der Energiebranche Spenden in Höhe von 1,2 Millionen. Zum Vergleich: Das war mehr als das Wahlkampfbudget der Berliner CDU im gleichen Jahr. Fast eine halbe Million spendete ein amerikanisches Investorenpaar. Andere Summen im sechsstelligen Bereich kamen aus der deutschen Energiewirtschaft.

Wer wie ich im linken Milieu der 1970er-Jahre politisch flügge wurde und die Entstehung der Grünen aus der Nähe erlebt hat, staunt heute über das Erreichte. Alle Atomkraftwerke sind abgeschaltet, die Wehrpflicht abgeschafft, Umweltschutz wurde Staatsziel, Frauen haben mächtig aufgeholt, einst diskriminierte Minderheiten erlangten politische Macht, ein günstiger Einheitstarif für Bahn und Bus wurde eingeführt und Kiffen soll demnächst legalisiert werden. Erfolg auf der ganzen Linie. So gut wie alles, was wir damals forderten, haben wir erreicht – bis auf das eine. Von der Abschaffung des Kapitalismus spricht niemand mehr. Weil sich der Kapitalismus, dieser Schlingel, alle unsere Utopien nach und nach zu eigen machte.

Diese durchtriebene Anpassungskunst konnte ich anhand der deutschen Energiewirtschaft idealtypisch beobachten. Die mächtigen Kohle- und Kernkraftkonzerne sträubten sich eine Weile, ihr altes Geschäftsmodell aufzugeben. Als sie begriffen hatten, dass alle Parteien, die Medien und große Teile der Gesellschaft eine Wende der Energiepolitik wünschten, schwenkten sie um und investierten in Windkraft und Solartechnik. RWE ist wieder obenauf. Tabakkonzerne fingen in den 2010er-Jahren an, Alternativen zur Zigarette zu entwickeln. Die Oligopole der Lebensmittelwirtschaft und des Einzelhandels entdeckten früh das Potenzial von Bio-Kost und stiegen in den Ökomarkt ein. Das sind nur drei Beispiele von vielen. Es ist immer wieder verblüffend, wie geschmeidig sich Wirtschaftsbosse Trends einverleiben, die sie kurz zuvor noch für unsinnig hielten, lächerlich machten oder sogar erbittert bekämpften. Die weniger Geschmeidigen gehen unter. Ihr solltet euch also besser nicht darauf verlassen, dass die heutigen Marktführer es morgen auch noch sein werden. Für aktuell besonders glanzvolle und begehrte Produkte wird sich in zwanzig Jahren vielleicht niemand mehr interessieren. Es geht oft schneller, als man denkt. Niemand hätte in meiner Jugend erwartet, dass das Auto an Statuswert verlieren, das Fahrrad jedoch gewinnen wird.

Im Laufe meines Lebens verschwanden viele Arbeitsplätze in der industriellen Produktion, weil Unternehmen sie in ärmere Länder mit niedrigen Löhnen verlagerten. Oder immer bessere Maschinen Arbeiten erledigen konnten, zu denen vorher Menschen gebraucht wurden. Ein Freund aus Schulzeiten absolvierte drei Berufsausbildungen im Bereich Druck und Reproduktion. Doch jedes Mal nutzten ihm die erworbenen Qualifikationen nur ein paar Jahre. Denn in Folge neuer technischer Entwicklungen starben seine drei erlernten Berufe nacheinander aus. Es entstanden jedoch auch neue Berufe, die es in den 1960er-Jahren noch gar nicht gab – insbesondere im Dienstleistungsbereich und der Informationstechnologie.

Der Aufschwung der Informationsverarbeitung zum führenden Wirtschaftssektor hatte enorme Folgen für alle. Denn noch nie zuvor mischten sich Konzerne so direkt und so tief in das Privatleben von jedermann ein und versuchten es zu manipulieren. Konsumwünsche, Reiseverhalten, kulturelle Vorlieben, Wertvorstellungen und sogar das Liebesleben werden systematisch ausspioniert und in klingende Münze verwandelt. Dem Auskundschaften durch anonyme Großkonzerne wie Meta, Google und Apple unterwerfen sich Milliarden Menschen ganz freiwillig und erlauben ihnen Dinge, die sie in Demokratien vom Staat nie akzeptieren würden. Wie in Kafkas Erzählungen hat der einzelne keine Chance, die Methoden der Überwacher zu durchschauen.

Meist ist es unmöglich, mit einer realen Person aus diesen Firmen zu sprechen. Nutzer sind gezwungen, sich dem »Intellekt« der Algorithmen anzupassen. Menschen meiner Generation wissen noch, wie man sich früher auf Ämtern fühlte. Wer eine Behörde betreten musste, etwa um den Reisepass zu erneuern oder ein Auto anzumelden, tat dies mit eingezogenem Kopf. Auch der unterste Beamte stand weit über jedem Bürger. Während die restliche Gesellschaft sich in den 1970er-Jahren entkrampfte, der öffentliche Umgangston lässiger und freundlicher wurde, blieben die Ämter noch eine ganze Weile Einschüchterungsinstanzen wie zu Kaisers Zeiten. Heute wird man auf den meisten deutschen Ämtern als Kunde behandelt. Den Bürokraten mit Ärmelschonern, der die Macht seiner Stempel auskostet, gibt es nur noch in vergilbten Karikaturen.

Seine geistigen Erben sitzen in den angeblich modernsten und am wenigsten hierarchischen Branchen der Kommunikations- und Internet-Wirtschaft. Meta, Google,

Apple und Microsoft degradieren ihre Kunden zu Untertanen. Der Mensch steht wieder als Bittsteller einer neuen digitalen Obrigkeit gegenüber. Niemals erfährt er, wer zuständig oder gar verantwortlich ist. Ob das Produkt, für das er bezahlt hat, funktioniert, ist sein Problem, sein Schicksal. Die meisten nehmen das demütig hin. Man hat sich daran gewöhnt. Andere Branchen lernen daraus. Sie wälzen Dienstleistungen auf ihre Kunden ab. Wer der Kommunikations-Kompetenz von Maschinen ausgeliefert ist, sehnt sich nach dem Beamten von einst zurück. Im Vergleich zu anonymen Instanzen mit binärer Denkstruktur war er eine Ausgeburt an Flexibilität und Transparenz.

Ihr seid »Digital Natives«. Die technische und ökonomische Durchdringung des gesamten Lebens durch die IT-Konzerne ist für euch das Normale, die »natürliche« Umwelt. Ich bin zwar auch nicht ganz von gestern. Immerhin nutze ich das Internet schon länger, als ihr auf der Welt seid, aber mein Verhältnis dazu ist distanzierter geblieben. Dafür belächelt ihr mich manchmal, so wie ich mich über meine Eltern amüsierte, wenn sie den Namen Jimi Hendrix falsch aussprachen.

Euer Papa

20

Klassen

Liebe Amelie, lieber Moritz,

als ich mit Ende 50 anfing, mich genauer für unsere Vorfahren zu interessieren und die wenigen erhaltenen Dokumente sichtete, staunten wir gemeinsam, wie bitterarm die Menschen waren, die den Wohlstand schufen, den wir genießen. Meine Mutter stammte aus einer Familie von Webern aus dem Ostteil des heutigen Polen, der damals zum Zarenreich gehörte. Auf der Geburtsurkunde meiner Oma ist verzeichnet, dass ihre Eltern Analphabeten waren. Meine Eltern gehörten zu den typischen Aufsteigern der Wirtschaftswunderzeit nach dem Zweiten Weltkrieg. Ich zähle zur ersten Generation meiner Herkunftsfamilie, der höhere Schulen und Universitäten offenstanden – dank sozialdemokratischer Bildungspolitik.

Mitte der 1960er-Jahre wechselten noch nicht sehr viele Kinder von der Volksschule (wie die Grund- und Hauptschule damals hieß) ins Gymnasium. Aber es waren nicht mehr allein die Kinder der Bessergestellten, sondern bereits eine Mischung aus verschiedenen sozialen Schichten der jungen Bundesrepublik. Die Freundinnen und Freunde, mit denen ich als Jugendlicher meine Freizeit verbrachte, waren teils ebenfalls Schülerinnen oder Studenten, aber auch Lehrlinge (heute: Auszubildende) und junge Arbeiter gehörten dazu. Unsere Väter hatten alle möglichen Berufe, Fabrikarbeiter waren darunter, aber auch ein Fabrikbesitzer.

Das ist anders geworden. Die sozialen Klassen sind wieder stärker voneinander getrennt als in meiner Jugend. Die akademische Mittelschicht bleibt heute weitgehend unter sich und schottet sich nach unten ab. Der Kontakt zu weniger gut Gestellten beschränkt sich auf die Entgegennahme von Dienstleistungen durch die »prekäre Serviceklasse« (Andreas Reckwitz). Mittels privater Kitas werden bereits die kleinen Mittelschichtskinder vom Nachwuchs der Nicht-Akademiker getrennt. Später schickt man sie auf Privatschulen oder Waldorfschulen, wo sie behütet und unter sich bleiben.

In den 1970er- und 1980er-Jahren ließ die technische Entwicklung die Zahl der klassischen Industriearbeiter rapide schrumpfen. Immer mehr Menschen hatten gut bezahlte Bürojobs, der öffentliche Dienst dehnte sich aus, die Beamtenschaft wuchs, und die Zahl akademischer Berufe nahm zu. Der Klassenkampf war so gut wie gewonnen, Arbeiter hatten ihre Häuschen, ihre Autos, ihre Urlaubsreisen, die Gewerkschaften ihr Tarifkartell und ihre Mitbestimmung. Die Ende der 1960er-Jahre einsetzende Lockerung der bürgerlichen Umgangsformen erleichterte den sozialen Aufstieg der Vielen. Wer in einer Arbeiterfamilie aufgewachsen war, musste sich nicht mehr davor fürchten, bei Tischgesellschaften, Stehempfängen oder Konzertbesuchen ungeschriebene Benimmregeln der Oberschicht versehentlich zu missachten. Rigide Etikette geriet aus der Mode.

Die Gewinner der sozialdemokratischen Bildungsoffensive, die es auf die oberen Sprossen der sozialen Leiter geschafft haben, richteten sich dort ein und passen seither auf, dass ihre Töchter und Söhne keinesfalls wieder absteigen. Angewidert bestaunen sie die »Prolls« in den Freakshows der Privatsender und sorgen dafür, dass ihr

Nachwuchs nicht mit Unterschichtkindern in Berührung kommt. Sie haben die Tür zur Bildung hinter sich zugesperrt. Und sie setzen alle ihnen zur Verfügung stehenden Mittel ein, damit dies so bleibt. Eines der wirkungsvollsten Distinktionsinstrumente der heutigen akademischen Mittelschicht ist ihr geistiger Dresscode. Wer dazugehören will, sollte möglichst die Weltanschauung der Grünen und ihrer zahlreichen Vorfeldorganisationen teilen. So bleibt man unter sich. Dünkel ist wieder erlaubt. Man strebt nach Höherem und verachtet die schnöden materiellen Wünsche der Unterschicht.

Die Bewohner der schicken großstädtischen Viertel vergessen gern, dass ihr postmaterielles Universum über einem materiellen schwebt, in der sich nach wie vor die Wirklichkeit großer Teile der Bevölkerung abspielt. Sie haben die Erdung verloren, die Sozialdemokraten und Gewerkschafter der Vergangenheit auszeichnete. Beim Lamento über die Unkultur des einfachen Volkes feiert man die eigene geistig-moralische Überlegenheit und zeigt mit ausgestrecktem Finger auf die da unten. Mit Gleichgestellten spricht man über die schlecht bezahlten Dienstleister genauso herablassend wie einst der Gutsherr übers Gesinde.

Verglichen mit heute, habe ich die Bundesrepublik meiner Jugendzeit als relativ egalitäre Gesellschaft empfunden. Nie hätte ich erwartet, dass große Teile meiner Generation einmal eine elitäre Klasse bilden würden, die sich von Putzhilfen, Restaurantboten und zahlreichen anderen Dienstleisterinnen und Dienstleistern bedienen lässt, mit diesen aber ansonsten nichts zu tun haben will.

Dass die vertikale Durchlässigkeit der Gesellschaft abgenommen hat, kann man daran sehen, dass es kaum noch Politiker gibt, die nicht aus der akademischen Mittelklasse kommen. Bis in die 1990er-Jahre regierten noch Minister im Bund und in den Ländern, die aus der Arbeiterschaft stammten, manche sogar mit CDU-Parteibuch. Auch Konzernbosse, die sich von der Werkbank in den Vorstand hochgearbeitet hatten, waren keine Ausnahme. Diese Zeiten sind vorbei. Man bleibt wieder unter sich. Das große Thema ist die Benachteiligung von Frauen, Migranten und Menschen mit dunkler Hautfarbe. Die Diskriminierung des Dienstleistungsproletariats wird seltener thematisiert.

Sogar in der SPD, der klassischen Arbeiterpartei, bestimmen heute Beamte und leitende Angestellte des öffentlichen Dienstes den Kurs. Wer hätte gedacht, dass eine linke Partei einmal die Verteuerung von Heizung, Strom und Lebensmitteln unterstützt, weil ihr grüne Energiepolitik wichtiger erscheint als soziale Gerechtigkeit. Ernst Reuters Satz, »die Sozialdemokratie wird niemals aufhören, eine Arbeiterpartei zu sein«, hat sich als Irrtum erwiesen.

Fühlt ihr euch als Vertreter einer Klasse? Ich vermute nein. So wie die meisten Menschen sich heute weniger über ihre Berufe und deren sozialen Status definieren. Viele zelebrieren stattdessen ihre Einzigartigkeit und schöpfen ihr Ichbewusstsein aus Sport, Hobby, Essgewohnheiten oder anderen Vorlieben, die früher als nebensächlich galten.

Euer Papa

21

Sozialismus

Liebe Amelie, lieber Moritz,

sonderlich politische Menschen seid ihr nicht geworden. Ihr geht wählen und wisst, wie wertvoll Demokratie ist. Ihr habt beide einen guten Sinn für Gerechtigkeit und seid skeptisch gegenüber Extremen. Aber politische Überzeugungen haben euch nie so umgetrieben wie mich in meiner Jugend. Dieses Feuer brennt nicht in euch. Und das ist wahrscheinlich besser so. Ab meinem 13. Lebensjahr war »links sein« ein wichtiger, vielleicht der wichtigste Teil dessen, was ich damals als meine Identität empfand.

Erwachsene fragten mich damals verwundert, wie ich mich für den Sozialismus begeistern könne, bei dieser Familiengeschichte. Wie ihr wisst, wurde mein Vater 1950 in die DDR verschleppt und ins Gefängnis gesteckt, als er auf Anweisung des Westberliner Senats städtisches Eigentum vor einer Beschlagnahme durch die Volkspolizei rettete. Nur durch glückliche Umstände konnte er aus dem Knast ausbrechen und zurück in den Westen fliehen. Für die meisten Alten war »links sein« damals gleichbedeutend mit DDR und Sowjetunion. Doch davon ließen meine Freundinnen, Freunde und ich uns nicht beirren. Aus unserer Sicht hatte der hässliche Realsozialismus rein gar nichts mit unseren antiautoritären Wunschträumen zu tun. Das jugendliche Milieu, in dem ich mich bewegte (die »Szene«, wie es damals hieß), war radikal links, antiautoritär und fühlte sich als Avantgarde.

Wir jungen Radikalen waren davon überzeugt, dass die Welt sozialistisch werden sollte – und auch würde. Das sah die Mehrheit der Menschen in Westdeutschland nicht so. Doch war Sozialismus in den 1970er-Jahren eine Art Referenz für fast alle Debatten, so wie heute die grüne Weltanschauung. Im 21. Jahrhundert heißen die großen allgemein akzeptierten Paradigmen »Nachhaltigkeit« und »Klimaschutz«. In meiner Jugend war die Frage »Wieviel Sozialismus soll es sein?« das Maß aller Dinge – selbst für die, die jeglichen Sozialismus ablehnten. Der Historiker Gerd Koenen nannte diese Zeit »Das rote Jahrzehnt«.

Vielleicht die wichtigste Lektion des roten Jahrzehnt, war für mich das massenweise Umkippen vieler junger Linker meiner Generation in totalitäre Denkmuster und Strukturen. Etliche, die gestern noch hippiehaft fröhlich staatliche Autoritäten herausgefordert hatten, unterwarfen sich rigiden Politsekten, die den chinesischen Diktator Mao Zedong anbeteten oder plötzlich anfingen, Ostberlin und Moskau schönzureden. Innerhalb kurzer Zeit verwandelte sich eine antiautoritäre Jugendrevolte in ein Gruselkabinett verbissener Dogmatiker. Wie konnte das geschehen? Ich habe keine Erklärung, die mich selbst überzeugt. Folgt auf den Rausch der Freiheit stets ein Kater? Ein Rückzug in die Bequemlichkeit von Befehl und Gehorsam, die vom anstrengenden Selbstdenken erlöst. Die Geschichte der Revolutionen lässt das vermuten. Wie Ideologien Menschen zurichten können, wusste ich aus Büchern. Es war dennoch verstörend, solche Selbstverblödungen im eigenen Umfeld zu erleben.

Möglicherweise wäre der Irrweg manchen erspart geblieben, wenn sie nicht in jugendlicher Arroganz und Größenwahn die antitotalitäre linke Tradition – die es ja gab – beiseite gewischt hätten. In den 1970er-Jahren waren

Manès Sperber, Arthur Koestler, Melvin Lasky und andere alte Anti-Stalinisten noch am Leben. Man hätte ihnen nur zuhören brauchen. Doch sie galten den jungen »neuen« Linken als nicht revolutionär genug. So endete ein progressiver Aufbruch in geistiger Erstarrung. Zu meinem Glück bildete Frankfurt in den 1970er-Jahren eine Ausnahme gegenüber anderen Universitätsstädten. Hier blieben die verhärteten Politsekten in der Minderheit. Undogmatische Strömungen prägten weiterhin die Kultur in Hörsälen, Szenekneipen und Wohngemeinschaften.

Nie hätte ich gedacht, vier Jahrzehnte später, das gleiche Umkippen nochmals zu erleben. In den 2010er-Jahren wechselten etliche Liberale und Linksliberale aus meinem Bekanntenkreis ins nationalkonservative Lager. Die mittlerweile älteren Damen und Herren traten nunmehr als Hüter nationaler Traditionen auf und reihten sich in rechtspopulistische Bewegungen ein. Manche überkam obendrein eine späte Liebe zur katholischen Kirche.

Was »links« genannt wird und was man sich unter Sozialismus vorzustellen hat, wandelte sich unentwegt – zu meinen Lebzeiten und auch schon lange davor. Von Anfang an drifteten die Überzeugungen innerhalb der sozialistischen Bewegung weit auseinander. Marx und Bakunin hassten sich innig. Ob nach der Revolution ein starker Staat entstehen oder die Einzelnen mehr Freiheit bekommen sollten, war schon im 19. Jahrhundert unter Linken heftig umstritten. Zum größten und bleibenden Schisma kam es dann im 20. Jahrhundert, als sich nach der russischen Revolution eine brutale Diktatur etablierte. Die Stalinisten wurden erbitterte Feinde aller demokratischen Sozialisten und umgekehrt. Neben dieser Hauptspaltung existierten noch etliche Nebenspaltungen. Bei aller Feindschaft innerhalb der Linken blieb jedoch ein grundsätzlicher Gegensatz zu rechten Weltanschauungen bestehen: Während Rechte die Unterschiede zwischen den Menschen betonten und der Meinung waren, man müsse diese Unterschiede bekräftigen und keinesfalls alle gleich behandeln, wollten Linke das Gegenteil. Klasse, Geschlecht, Herkunft oder Hautfarbe sollten keine Bedeutung mehr besitzen. Gleichbehandlung ohne Ansehen biologischer, sozialer oder kultureller Unterschiede, darauf hätten sich alle Linken einigen können, auch wenn sie sonst in nichts einer Meinung waren.

Im 21. Jahrhundert gilt das nicht mehr. Das »links« von heute ist durch völlig andere Inhalte definiert. Ein Artikel in der *Zeit* beschrieb, was im Jahr 2023 »Linksliberalismus« bedeutet. »Identitätspolitik« und »Klimabewusstsein« bilden demnach den Kern linksliberaler Einstellungen. Auch »Gendern, Transrechte, und Fleischverzicht« gehörten dazu. Ironisch nannten die Autoren »Lastenfahrräder«, »Bio-Lebensmittel« und »Holzspielzeug« als typische Merkmale von Linksliberalen. Einflussreiche Teile der Linken, vornehmlich an den Universitäten, entsorgten im Laufe der 2000er-Jahre die Klassenfrage und den Fortschrittsgedanken und übernahmen dafür Denkweisen, die noch vor einem halben Jahrhundert zum geistigen Fundus von Nationalisten und Völkischen gehörten. Dass linke und rechte Weltanschauungen sich überschneiden, ist nichts Neues. Viele kennen und zitieren den berühmten Vierzeiler des Dichters Ernst Jandl:

manche meinen
lechts und rinks
kann man nicht velwechsern
werch ein illtum

Dass ein nahezu vollkommener ideologischer Austausch zwischen den beiden politischen Polen stattfinden kann, wurde mir erst im Alter bewusst, als ich es selbst erlebte. Für die vorherrschende Strömung der akademischen Linken sind die Unterschiede zwischen den Menschen das Wichtigste geworden. Herkunft, Hautfarbe oder Geschlecht betrachten sie als konstituierende Größen, die die Sichtweisen und Standpunkte eines Menschen lebenslang bestimmen. Deshalb sollten die anderen diesem Menschen auch auf besondere Weise begegnen. Diese sich selbst als links definierende Anschauung nennt sich »woke« im Sinne von »erweckt sein« (so wie man früher von religiöser Erweckung sprach). Sie entwickelte sich an den Universitäten zuerst Nordamerikas und etwas später vieler westlicher Länder, ausgehend von Professorinnen und Professoren für Genderstudien und Postkoloniale Studien. Nach woker Sichtweise ist eine schlecht bezahlte Arbeiterin in erster Linie eine Frau und wird als solche unterdrückt. Sie ist jedoch auch Teil der kapitalistischen Machtstrukturen, sobald sie sich selbst als Frau definiert und damit Menschen mit nonbinärer Geschlechtsidentität ausgrenzt. Als Weiße steht sie automatisch unter Rassismusverdacht und gilt als Teil eines Unterdrückungszusammenhanges, der schwarze Menschen erniedrigt. Die dazugehörige postkoloniale Lehre betrachtet das Unrecht, welches dunkelhäutigen Menschen widerfahren ist, als das zentrale und alles überschattende Verbrechen der europäischen Moderne. Der Kolonialismus sei eine Art Ursünde, neben der alle anderen historischen Untaten verblassen. Dies führt bei Theoretikern des Postkolonialismus dazu, den deutschen Völkermord an den Juden zu einem Verbrechen unter vielen zu relativieren. Obwohl die systematische, industriell organisierte Tötung von Millionen Menschen, unbesehen von Alter und Geschlecht, beispiellos war. Solches Kleinreden des Holocaust kannte man zuvor nur von Rechtsradikalen. Auf der Linken ist das neu.

Eine zumindest in Deutschland besonders einflussreiche Strömung auf der Linken sind die Grünen und ihre vielen Vorfeldorganisationen in der Zivilgesellschaft. Auch sie haben sich aus dem ideologischen Fundus der Konservativen bedient und klassisch rechte Denkweisen übernommen. Bis zum Siegeszug des grünen Denkens in den 1980er-Jahren forderten Linke aller Fraktionen grundsätzlich, dass die Armen mehr vom Wohlstandskuchen abhaben sollten. Die Früchte des Wirtschaftswachstums müssten gerechter verteilt werden. In einer idealen Gesellschaft wären aus damaliger linker Sicht alle reich. Die heutige Kritik an Wohlstand und Wachstum war früher eher Sache der Kirchen, die Bescheidenheit und Geringschätzung des Materiellen predigten. Das grüne Ziel, Lebensmittel und Energie zu verteuern, lässt sich schlecht mit klassischer linker Sozialpolitik vereinbaren.

Zum Kern grüner Weltanschauung gehört es auch, grundsätzlich Bedenken gegen technische Neuerungen zu hegen. Im Laufe ihrer Parteigeschichte kämpften die Grünen nicht nur gegen Kernkraft- und Kohlekraftwerke, Straßenbau und Flughäfen. Auch medizinische Gentechnik, Stammzellenforschung, Computer, PET-Flaschen, Mobilfunk, Transrapid, Pflanzengentechnik und PVC-Kunststoff wollten sie verbieten und waren teilweise auch erfolgreich damit.

Eigentlich war ihnen jede neuere Technik außer Windrädern und Solaranlagen suspekt. Und es gelang den Grünen, diese Haltung, die man zuvor nur von Konservativen und Reaktionären kannte, als »links« zu verkaufen. Alles andere als links ist auch die Idealisierung der Natur, die von

Öko-Bewegten gern als quasi göttliche Instanz angesehen wird. Politik mit starkem Naturbezug war vor der Grünwerdung vieler Linker ein Markenzeichen von Faschisten. Und das Beschwören eines nahen Weltuntergangs gehörte zur Denkart reaktionärer Kulturpessimisten à la Martin Heidegger. Linke dagegen malten ihren Anhängern eine sonnige Zukunft aus.

Seltsam auch, dass in den 1990er- und 2000er-Jahren junge Linke in vielen europäischen und amerikanischen Metropolen gegen die Globalisierung demonstrierten. Traditionell hatten Sozialisten Internationalismus gepredigt und standen gegen nationale Abschottung. Kein Wunder also, dass ausgerechnet Donald Trump den antiglobalistischen Impuls aufnahm und sich gegen internationalen Warenaustausch und offene Grenzen positionierte. Die bizarrste Kehrtwende von allen war jedoch die Verbrüderung eines Teils der Linken mit religiösen Fanatikern. Seit Marx und Bebel gehörte es zum Fundament sozialistischer Bewegungen, klerikalen Schwindel zutiefst zu verachten. Christliche Kirchen und andere Religionsgemeinschaften wurden als Gegner betrachtet und waren es meist auch. Dass in London, Berlin und anderswo Linke zusammen mit Islamisten demonstrierten, dass Linke Verständnis für Dschihadisten bekunden und muslimische Sittenwächter in Schutz nehmen, hätte in meiner Jugend niemand für möglich gehalten. Doch es ist geschehen.

Wie ihr wisst, hat mich die identitäre, postkoloniale, grüne und queere Neujustierung linker Sichtweisen, Wertvorstellungen und Theorien nicht überzeugt. So bin ich ein alter Linksliberaler geworden, der immer noch glaubt, dass es sehr entscheidend fürs Leben ist, ob ein Mensch zu den Besitzlosen oder den Besitzenden gehört. Und dass dies in den allermeisten Fällen viel mehr bewirkt als der

Umstand, dass der Mensch vielleicht schwul ist oder dunkelhäutig oder den Strom aus Windkraft bezieht.

Wie wird es weitergehen? Gibt es überhaupt noch ein linkes Ideal, das in den vergangenen Jahrzehnten nicht vergessen oder ins Gegenteil verkehrt wurde? Werden Kategorien wie »link« und »rechts« komplett sinnlos (teilweise sind sie es ja schon)? Beunruhigt staune ich über die Wendungen, die viele meiner Freunde genommen haben.

Euer Papa

22

Status

Liebe Amelie, lieber Moritz,

wenn ich aus Berlin zu euch nach München komme, staune ich immer wieder über die Autos. Nicht nur in Villenvierteln stehen am Straßenrand reihenweise Limousinen, die 80.000 Euro und mehr kosten. Offenbar gehören solche sündhaft teuren Gefährte für viele aus der Münchner Ober- und Mittelschicht immer noch zu den bevorzugten Statussymbolen. Ob das so bleibt, wird sich an der weiteren ökonomischen Entwicklung zeigen. Wenn, wie von manchen vorausgesagt, die Folgen von Putins Krieg und der fortschreitenden Entglobalisierung zu einer dauerhaften Wohlstandsminderung führen, dann werden in Zukunft vermutlich weniger teure Autos die Münchner Straßen zieren. Doch das Bedürfnis, Status und sozialen Rang zu demonstrieren, wird bleiben und neue Symbole finden.

Wie überaus wichtig es vielen Menschen ist, ihren Status kenntlich zu machen, unterschätzte ich lange Zeit. Bis ich eines Tages in der Wartelounge am Berliner Hauptbahnhof ein besonderes Erlebnis hatte. Die Erste-Klasse-Abteilung war voll besetzt, doch in dem Bereich für die Reisenden mit Zweiter-Klasse-Ticket gab es noch genügend freie Sessel. Dennoch bildete sich vor dem Eingang zur Ersten eine Schlange aus ausnahmslos männlichen Lounge-Gästen. Diesen Männern war es offenbar wichtiger, als Erste-Klasse-Passagier wahrgenommen zu werden, als einen Sitzplatz zu haben.

Die Art und Weise, wie Menschen ihren sozialen Status demonstrieren, veränderte sich immer wieder, wurde ausdifferenzierter und komplizierter und zuweilen auch dezenter. In meiner Kindheit waren die Statussymbole, mit denen sich die Gewinner der Wirtschaftswunderzeit schmückten, noch recht einfach zu erkennen: eine Gattin, die teuren Schmuck und Pelzmantel trug, eine Mercedes-Limousine, Perserteppiche im Wohnzimmer. Manche dieser vordergründigen Erkennungszeichen gelten in der heutigen Oberschicht als niveaulos und gestrig. Man pflegt subtilere Signale zu setzen, die oftmals nur noch von Kennern decodiert werden können. Statt für jeden sichtbar im zentral gelegenen Grand Hotel abzusteigen, bevorzugt man das »Hideaway« inmitten der Natur. Superteure Vintage-Fahrräder und andere edle Spielzeuge, die nur von Insidern erkannt werden, haben die alten, weithin sichtbaren Attribute abgelöst. Zu den besonders beliebten Statussymbolen der Superreichen gehört es, viele Kinder zu haben, die möglichst alle durch exzellente Leistungen in Schule, Studium und späterem Beruf glänzen. Auch dies sieht man keinem auf der Straße an – ist aber als Signal an das eigene Milieu um so bedeutender. Die protzige Art, Erfolg zu demonstrieren, ist jedoch nicht vollends ausgestorben, wie man an den Autos auf Münchner Straßen sieht. Am schrillsten zeigen die Rapper, was sie sich leisten können: fette Goldketten, Lamborghini und Trophäenfrau mit Entenlippen.

Die längste Zeit der Geschichte war der Luxus der Mächtigen für normale Menschen unerreichbar. Ein Bauer und ein König lebten in komplett anderen Welten. Das hat sich im 20. Jahrhundert gewandelt, zumindest in den westlichen Industriestaaten. Superreiche können einen Weltraumflug buchen oder eine einsame Insel kaufen. Doch es gibt immer weniger Vorteile des Reichseins, die prinzipiell völlig unerreichbar sind. Ein Durchschnittsverdiener kann sich mittlerweile Flugreisen in ferne Länder leisten. Seine Wohnung hat zwar weniger Zimmer als ein Fürstenschloss. Doch die Hygienestandards, die ständige Verfügbarkeit von sauberem Wasser, Wärme und Elektrizität machen sie zu einem wesentlich komfortableren Ort. Selbst ein Kleinwagen ist jeder Pferdekutsche weit überlegen.

Durch meinen Beruf war ich ein paarmal bei Milliardären zu Hause. Nachher wunderte ich mich stets, wie wenig sich ihr Leben von dem der Mittelschicht unterscheidet. Freilich ist dort alles größer, teurer und exquisiter. Die ständige Verfügbarkeit von Serviceleistungen macht das Dasein auch bequemer. Doch fast alle Genüsse können sich auch Normalbürger gelegentlich leisten – wenn auch in etwas bescheidenerer Form. Wirklich unerreichbar ist kaum etwas geblieben. Ein gutes Beispiel sind die Sportarten: Reiten, Tennis und Golf waren vor nicht allzu langer Zeit Oberschichtvergnügen. Heute bleibt den Reichen nur Polo und Segeln auf teuren Jachten – und selbst die kann man sich gelegentlich gemeinsam mit Freunden mieten, ohne Multimillionär zu sein. Diese durch den Massenwohlstand erreichte Nivellierung von Privilegien hat auch dazu beigetragen, dass die Statussymbole tendenziell subtiler wurden.

Zu meinem Glück ging der bis heute anhaltende Jugendkult um Markenklamotten erst nach meiner Schulzeit los. In den 1970er-Jahren war ich auf dem Schulhof mit Bluejeans, alter Lederjacke und Wildlederboots stets passend ausgestattet. Auch die Mädchen kleideten sich auf dem Flohmarkt am Mainufer ein und nicht in Modeboutiquen. Die Namen italienischer Design-Labels waren meinen Freunden und mir völlig unbekannt. Das war bei euch anders. Um so mehr habe ich mich als Vater gefreut, dass ihr nie zu den Markenfetischisten gehört habt, die es in eurer Generation reichlich gab und immer noch gibt.

Eine besonderen Statuskult pflegen Künstler und die Berufsgruppen, die sich gern mit einem künstlerischen Nimbus schmücken. Man könnte es den Code der Kontrapunkte nennen. Er besteht darin, mit einem oder zwei Accessoires die Konventionen zu durchbrechen. Eine Pionierleistung auf diesem Gebiet erbrachte der Politiker Joschka Fischer, der als erster Vertreter der Grünen in ein Ministeramt aufrückte. Dabei trug er zwar ein Jackett (1985 ein Merkmal der Bürgerlichkeit), dazu aber Turnschuhe, wie Sneakers damals noch genannt wurden, und keine Krawatte.

Manche materiellen Statussymbole sind im Laufe meines Lebens ausgestorben. Pelzmäntel oder Krokotaschen stehen mittlerweile auf dem moralischen Index. Andere sind sozial abgesunken. So gehörte die Krawatte noch vor kurzer Zeit zur Kleiderordnung der Erfolgreichen. Heute geben sich Milliardäre und mächtige Politiker gern leger mit offenem Hemdkragen, T-Shirt unterm Sakko oder Pullover. Die Krawatte wurde zum Accessoire von Bankangestellten und einigen anderen auf besondere Seriosität bedachten Berufen. Auf einer Mercedes-Reklame aus dem Jahr 2023 posiert ein androgyn wirkender Mann vor einer 50.000-Euro-Limousine. Er ist mit einem Yakuta und Sandalen bekleidet, steht in einem Zen-Garten und hat eine blaue Sandharke geschultert. Meinen Vater hätte dies sicherlich nicht zum Kauf einer neuen Mercedes animiert.

Wie man zeigt, wer man ist und was man hat, unterscheidet sich nicht nur nach sozialer Klasse und beruflichem Fachgebiet (Unternehmer prunken anders als Hochschulprofessoren). Nach wie vor spielt auch die traditionelle

Kultur eines Landes eine große Rolle dabei. So neigen reiche Leute in Nordeuropa nach außen eher zu Understatement und betonen, dass sie nichts Besonderes sind. Während Millionäre in Russland, China oder der arabischen Welt gern offen zeigen, was sie haben.

Dass das gleiche äußerliche Merkmal je nach Kulturkreis völlig unterschiedliche Botschaften senden kann, beschrieb der italienische Regisseur und Schriftsteller Pier Paolo Pasolini in dem Aufsatz »Die Sprache der Haare«. Er schildert darin das Auftreten junger Männer mit langen Haaren, was in den 1960er-Jahren noch selten war und auffiel. Die einen sah er in Prag. Ihre langen Haare drückten Protest gegen gesellschaftliche Konventionen und staatliche Unterdrückung aus. Dies war von den Langhaarigen auch so gemeint. Die anderen sah Pasolini im Iran. Hier signalisierten die Haare elitären Dünkel: Wir wissen, was in Europa gerade Mode ist. Wir gehören zu einer privilegierten Schicht und nicht zu den armen, ungebildeten Bauern.

Sich die Haare lang wachsen zu lassen, kostete kein Geld. Das ist gar nicht so ungewöhnlich für Statussymbole. Mancher zeigt Macht und Mittel einfach durch leere Hände. Bei der Visite erkennt man den Chefarzt daran, dass er weder Tablet noch Klemmbrett noch sonstige Hilfsmittel an sich trägt, ja nicht einmal einen Kugelschreiber in der Brusttasche. Das Werkzeug tragen seine Untergebenen. Der Chef einer Delegation schleppt normalerweise keine Aktentasche. Wer die Rangordnung seiner Verhandlungspartner nicht genau kennt, sollte drauf achten, welcher am wenigsten und besonders leise spricht. Meist ist dies der Boss.

Euer Papa

23

Individualismus

Liebe Amelie, lieber Moritz,

wenn ich durch die Social Media klicke, fällt mir als Erstes auf, dass jeder, der sich dort präsentiert, etwas Besonderes darstellen will. Aber nach einer Weile stellt sich der Eindruck ein, als wollten alle auf die gleiche Weise besonders sein. Gibt es heute mehr Eigensinn als früher oder nur andere Formen der Anpassung?

Mitte der 1950er-Jahre kam ein Begriff des Soziologen Helmut Schelsky in Mode: »Nivellierte Mittelstandsgesellschaft«. Gemeint war damit die allgemeine Angleichung der Alltagskultur, des Verhaltens und Lebensstils an den Typus der mittleren Angestellten, von denen es immer mehr gab. Während das klassische Proletariermilieu schrumpfte.

Als typische Darstellung dieser formierten Angestelltenkultur gelten die Szenen aus Billy Wilders Film »Das Appartement«, die die Hauptperson in einem gigantischen Großraumbüro mit endlosen Reihen von Schreibtischen zeigen. Ursachen für diesen Prozess waren laut Schelsky die industrielle Massenproduktion, der Massenkonsum und die Massenmedien. Diese Form der kulturellen Nivellierung endete in den 1970er-Jahren.

Ein Blick auf die Beamtinnen und -beamten einer beliebigen Postfiliale von heute genügt, um sich davon zu überzeugen. Da lächeln Menschen mit bunten Haaren, Piercing in der Nase und tätowierten Oberarmen hinter den Schaltern. Mit dieser Aufmachung hätte sie zu Schelskys Zeiten jeder Pförtner zurückgewiesen.

Deutschland ist eindeutig bunter geworden. Vieles, was früher Empörung oder zumindest Kopfschütteln ausgelöst hätte, ist heute ganz normal und wird kaum noch beachtet. Schon gibt es Befürchtungen, dass wir auf eine Art postmoderne Stammesgesellschaft zusteuern. Als Journalist kam ich ziemlich viel rum und lernte Teile der deutschen Gesellschaft kennen, die gern unter sich bleiben. Wenn ich in solche Subkulturen eindrang, beschlich mich zuweilen das Gefühl, nicht mehr in dem Deutschland zu sein, in dem ich lebe. Die gemeinsame Staatsangehörigkeit hat in diesen Nischen keinerlei verbindende Wirkung. Das Leben der Bewohner wird vollkommen von einer privaten Leidenschaft erfüllt, die sie mit Gleichgesinnten teilen: eigene Codes, Sitten, Gebräuche und Trachten. Selbst ihr Beruf ist für mache nebensächlich geworden, sie sehen sich selbst als Biker, Gamer, Fußballclubfans, Veganer, Surfer, Mitglieder einer Facebook- oder Instagram-Gruppe, Yoga-Anhängerinnen, Mops-Freunde, Baumarkt-Enthusiasten oder Heavy-Metal-Fans. Ihre sozialen Bedürfnisse befriedigen sie im vertrauten Kreis. Der Kontakt zum Rest der Gesellschaft beschränkt sich auf Unvermeidliches wie Schule oder Finanzamt. Der Biologe Edward O. Wilson vertrat die These, der Mensch sei bis heute ein Stammeswesen geblieben. Kratze man nur ein wenig an den modernen gesellschaftlichen Großstrukturen, kämen Stämme zum Vorschein. Gemeinsamkeiten durch Staatsangehörigkeit erweisen sich als schwächer als die Bindung an die jeweilige Subkultur.

Wenn ich Menschen neu kennenlerne, erlebe ich immer wieder ein Missverständnis. Man redet über ein Thema und stellt fest, dass man darüber sehr ähnlich denkt. Manche Gesprächspartner neigen dann zu dem Trugschluss, einen Geistesverwandten gefunden zu haben, und sind erstaunt, wenn beim nächsten Thema die Meinungen weit auseinandergehen. Manchmal bekam ich durch solche Irrtümer ein Etikett angeheftet, dass mir gar nicht gefiel. So beschrieb mich eine Autorin in einem Buch als »Konservativen« und »Jäger«. Ich rief sie an und fragte nach, wie sie darauf gekommen sei. Das »konservativ« hatte sie aus meiner Kritik an grüner Politik geschlossen. Und für einen »Jäger« hielt sie mich, weil ich einmal geschrieben hatte, Jagd könne unter Umständen dem Naturschutz dienen.

Schon lange kann man von einer einzelnen Eigenschaft nicht mehr auf die Gesamtperson schließen. In meiner Jugend war noch ziemlich klar, wie ein Sozialdemokrat tickt und welche Werte ein schwäbisch-protestantischer Handwerksmeister hochhält. Nur die wenigsten besitzen noch eine konsistente Weltanschauung alten Stils. Es gibt queere Katholiken, linke Fortschrittsfeinde, feministische Muslime und tausend andere Patchwork-Ideologien. »Neue Unübersichtlichkeit«, nannte es Philosoph Jürger Habermas.

Der Soziologe Andreas Reckwitz hat einen fundamentalen Wandel der Gesellschaft diagnostiziert, der in den 1970er-Jahren begann. Die Bindungen an große Formationen wie Kirchen oder Gewerkschaften wurden schwächer. Auch die sozioökonomisch verbundenen Milieus wie die Arbeiterkultur verloren an Anziehungskraft. Es folgte ein Trend zu einer immer weiteren Individualisierung der Lebensstile. Das Leitwort der Zeit hieß »Selbstverwirklichung«. Bedeutet diese Ausdifferenzierung subkultureller Milieus tatsächlich, das die Menschen eigensinniger geworden sind? Hat der Herdentrieb nachgelassen? Deutschland ist in vieler Hinsicht diverser geworden, das ist offensichtlich. Aber ob eure Generation individualistischer lebt und denkt, darf bezweifelt werden. Gruppendruck innerhalb der sozialen Blasen lässt wenig echten Eigensinn zu. Eine heftige Normierungskraft geht von den Social Media aus. Urlaubsorte werden danach ausgesucht, ob sie »instagrammable« sind. Outfits und Posen auf Tinder-Fotos wirken wie von einer Agentur standardisiert. In einem Text des Historikers Volker Weiß las ich den treffenden Begriff »individualisierter Konformismus«. Mittlerweile geht dieser Konformismus so weit, dass Social-Media-Nutzer ihre Gesichter angleichen. »Beauty-Filter« korrigieren individuelle Eigenheiten an Augen, Nase, Lippen, Wangen, Stirn und Kinn in geposteten Fotos und Videos. Wenn es einen körperlichen Ausdruck der Persönlichkeit gibt, dann ist es das Gesicht eines Menschen. Dass Leute ihr Gesicht normieren, gruselt mich. Parallel dazu wurde die maschinelle Erstellung von Textinhalten durch Sprachroboter wie ChatGPT immer perfekter. Kulturpessimisten warnen vor einer Zukunft mit Gesichtern und Texten ohne Charakter und individuelle Eigenarten.

Schon vor ChatGPT wurde geistiger Eigensinn immer seltener. Insbesondere die großen Publikumsmedien berichten zu manchen Themen erstaunlich eindimensional. Dass Bio-Landwirtschaft gut, die deutsche Energiepolitik vorbildlich, Atomkraft teuflisch und die Klimaprognosen todsicher sind, erhält in der veröffentlichten Meinung überwältigende Zustimmung – und bildet den Kanon für Opportunisten. Unter anderem hat dies zu einer Überstrapazierung des Personalpronomens »Wir« im Journalismus geführt. Viele Autoren in Leitmedien benutzen das »Wir« und unterstellen damit eine gemeinsame Sichtweise, die angeblich alle ihre Leser teilen oder teilen sollten – nach dem Motto: das kann man doch gar nicht anders sehen.

»Wer ist wir? Ich nicht!«, bemerkte der Kabarettist Gerhard Polt. In der Adenauerrepublik durchbrachen Linke wie Wolfgang Neuss und Hans Magnus Enzensberger die katholisch-konservativen Denknormen. Bedauerlicherweise unterstützt heute ein Großteil der Linken eingehegtes Denken. Daher frage ich mich manchmal, ob wir heute tatsächlich in einer »Gesellschaft der Singularitäten« leben. Oder hat nur eine neue Form der Formierung Schelskys Büroangestelltenkultur abgelöst?

Euer Papa

24

Minderheiten

Liebe Amelie, lieber Moritz,

einer meiner verstorbenen Cousins hatte Downsyndrom. Ihr habt ihn kennengelernt. Wie die meisten Menschen mit dieser Behinderung war er lebensfroh und freundlich zu jedermann. Wenn ich in den 1960er-Jahren neben ihm durch die Stadt ging, waren verachtende Blicke und auch bösartige Bemerkungen keine Seltenheit. Die Zeit, als man Menschen mit Behinderung zu »unwertem Leben« erklärt hatte, war noch nicht lange vorbei. In den 1960er-Jahren wurden viele geistig Behinderte in schrecklichen Anstalten notdürftig verwahrt und nicht im Geringsten gefördert. Körperlich Behinderten ging es nicht viel besser. Rollstuhlfahrer bekamen keine Chance, eine Straßenbahn zu besteigen oder den Treppenaufgang einer Behörde zu erklimmen. In meiner Kindheit gehörten »du Krüppel« und »Hundskrüppel« zu den üblichen Schimpfworten, die man oft zu hören bekam. Wer anders war als die andern, hatte es schwer. Intoleranz und Stigmatisierung trafen nicht nur Menschen mit auffälligen Merkmalen, sondern auch alle, deren Verhalten nicht den damaligen Normen entsprach. Frauen, die sich in schwarze US-Soldaten verliebt hatten, wurden als »Amischlampen« beschimpft. Manchmal reichte es schon, nicht katholisch zu sein, um Hohn und Spott hervorzurufen, wie ich als Kind in einer bayrischen Dorfschule erfahren durfte. Nicht so zu sein wie alle anderen, war kein Vergnügen.

Das hat sich radikal verändert. Rücksicht auf Minderheiten ist heute Staatsräson und gehört zum guten Benehmen eines jeden anständigen Menschen. Wie so viele kulturelle Fortschritte begann auch dieser gegen Ende der 1970er-Jahre. Etliche Menschengruppen, die bis dahin Nachteile und Diskriminierungen für ihr Anderssein ertragen hatten, gingen an die Öffentlichkeit und stellten Forderungen. Die Frauenbewegung machte ihnen Mut. Zwar sind Frauen keine Minderheit, doch wurden auch sie von der männlich dominierten Gesellschaft wie eine solche behandelt. Homosexuelle wollten ihr Anderssein nicht länger verheimlichen. Psychisch Kranke wollten sich nicht mehr wegsperren lassen. Rollstuhlfahrer demonstrierten. Überall wurde sichtbar, dass Westdeutschland nicht nur aus Männern bestand, die durch die Normen der Adenauerjahre geformt worden waren. Die rebellischen Minderheiten drehten den Spieß um und nannten sich selbstbewusst »Schwule« oder »Krüppel« nach den vulgären Schimpfworten, mit denen sie diskriminiert worden waren.

Der Aufstand der Minderheiten veränderte die Umgangsformen, die Kultur, die Politik und sogar die Architektur. Städtische Infrastruktur wurde so umgebaut, dass Menschen mit Behinderungen am sozialen Leben teilnehmen können. Wir sprechen selbstverständlich Englisch, wenn in einer Gruppe einer kein Deutsch versteht. Wir verzichten in Flugzeugen und Kantinen auf bestimmte Speisen, weil Allergiker sie nicht vertragen. Öffentliche Reden werden routinemäßig für Gehörlose übersetzt. Auch Minister müssen ihre Homosexualität nicht mehr verbergen. Toleranz gegenüber Menschen, die anders sind, wird schon im Kindergarten eingeübt. Das hat zu zivilisatorischen Fortschritten geführt und Deutschland humanisiert. »Je gleichberechtigter Gesellschaften sind, desto sensibilisierter werden sie für noch bestehende Ungerechtigkeiten und damit verbundene Verletzungen«, schrieb die Philosophin Svenja Flasspöhler. Die gründlich eingeübte Toleranz gegenüber benachteiligten Minderheiten führte dazu, dass immer weniger differenziert wurde, wer überhaupt besondere Rücksicht benötigt.

Es gibt einen fundamentalen Unterschied zwischen zwei Arten von Minderheiten. Gehörlose, Allergiker oder auch Homosexuelle sind nicht aus freien Stücken eine Minderheit. Es ist ihr Schicksal. Sie sind daher darauf angewiesen, in ihrer jeweiligen Besonderheit unterstützt zu werden. Es ist ihr gutes Recht, dass die Mehrheitsgesellschaft Rücksicht auf ihre Bedürfnisse nimmt. Anders bei Minderheiten, die sich frei dazu entschieden haben, einen besonderen Status einzunehmen. Veganer, religiöse Sektierer oder Impfgegner sind Minderheiten aus Überzeugung. Solche Gruppen versuchen gern, das eingeübte freundliche Verhalten der Mehrheit strategisch für ihre Ziele zu nutzen. Sie empören sich laut und hartnäckig, um Aufmerksamkeit und Rücksichtnahme zu ernten – mit dem Ziel, dass die Mehrheit sich ihren Forderungen beugt. Sie verstehen es meisterlich, die mediale Lärmmaschine zu bedienen, um ihre Vorstellungen ins allgemeine Bewusstsein zu hämmern. Journalisten fallen häufig darauf herein, helfen solchen Gruppen ihre Bedeutung aufzublasen und erheben sie zum leuchtenden Vorbild für alle anderen. Ein beliebter Spruch aus der Redaktion des Magazins *Stern* lautete: »Einer ist ein Hype, zwei sind ein Trend und drei eine Bewegung.«

Diese Medienoptik wirkt wie ein Vergrößerungsglas: Zwerge werden zu Riesen. Bei den Protesten gegen den Neubau des Stuttgarter Hauptbahnhofs im Jahr 2010 bekam man als Medienkonsument den Eindruck vermittelt, die Demonstranten repräsentierten den Willen der Stuttgarter Bevölkerung. Doch Umfragen und Wahlen widerlegten später dieses Bild. Auch die Pegida-Demonstranten in Dresden 2014 schafften es durch geschickte Inszenierung, als vorherrschende Stimme der sächsischen Metropole wahrgenommen zu werden. Ein Berliner Volksentscheid im März 2023 brachte an den Tag, dass die Mehrheit der Bevölkerung klimapolitische Maßnahmen ablehnt, mit denen medial omnipräsente Aktivisten die Welt retten wollen.

Organisationen wie Greenpeace, Peta, Letzte Generation oder die Deutsche Umwelthilfe werden in vielen Medien mit der gleichen Aufmerksamkeit bedacht wie Gewerkschaften oder Bundestagsparteien. Dabei verfügen sie über keine Mitgliederbasis, und ihre Kampagnen haben kein demokratisches Mandat. Befragungen brachten an den Tag, dass die Fridays-for-Future-Demonstrationen, die im Jahr 2019 die Schlagzeilen beherrschten, nicht *die* deutsche Jugend repräsentierten, wie vielfach zu lesen war, sondern vornehmlich Gymnasiastinnen aus akademischen Mittelschichtsfamilien.

Der Anteil an Bio-Produkten am Lebensmittelumsatz in Deutschland betrug 6,8 Prozent im Jahr 2021. Bei Fleisch war er mit 3,6 Prozent noch geringer. Doch eine überaus erfolgreiche Medienpräsenz suggeriert, Bio sei ein Megatrend. Viele Menschen, die sich Bio nicht leisten können, haben deswegen ein schlechtes Gewissen und halten sich für eine aussterbende Minorität. Noch krasser ist die Diskrepanz zwischen Medienmythos und Realität beim Veganismus, einer anderen vermeintlich boomenden Ernährungsdoktrin. Ihr folgen 1,6 Prozent der Bevölkerung (Allensbach 2022), doch die genießen eine überwältigende öffentliche Aufmerksamkeit.

Fazit: Deutschland ist ein freundlicheres und toleranteres Land geworden. Wer anders ist als die Mehrheit, wird in der Regel akzeptiert und nicht mehr diskriminiert (hässliche Ausnahmen gehören leider auch zur Realität). Doch das gewachsene Verständnis wird mittlerweile auch von Minderheiten ausgenutzt, die ihre Agenda der Gesellschaft unterjubeln wollen. Indem sie so tun, als repräsentierten sie die Mehrheit. Oder indem sie sich als Avantgarde geben, die den Rest der Bevölkerung erziehen muss. Also lohnt es sich immer genau hinzusehen, wer welche Forderungen mit welcher Legitimation erhebt. Niemand verdient besondere Rücksicht und Aufmerksamkeit, nur weil er ein spezielles politisches oder religiöses Ansinnen verfolgt. Solche selbst ernannten Minderheiten darf man durchaus freundlich ignorieren.

Der Siegeszug der Toleranz hat die sozialen Beziehungen auch noch in anderer Weise verändert, worunter die Ärmsten der Armen leiden. In großen Städten, insbesondere in Berlin, stieg die Zahl verwirrter oder suchtkranker Menschen, die auf der Straße leben, stark an. Bürger und Behörden gewöhnten sich daran. Die heute üblichen Vorstellungen von Freiheit, Respekt und Selbstbestimmung verhindern ein helfendes Eingreifen, weil viele Obdachlose in ihrer Konfusion Hilfe ablehnen, selbst wenn sie schwer krank oder verletzt sind. So bleiben sie auf der Straße liegen und sterben manchmal auch dort.

Über zwei Minderheiten möchte ich gesondert schreiben, weil sie damals eine spezielle Rolle in der öffentlichen Wahrnehmung einnahmen und immer noch ein besonderes Augenmerk auf ihnen liegt: die Einwanderer und die Juden.

Euer Papa

25

Migranten

Liebe Amelie, lieber Moritz,

euer Deutschland ist vielfältiger als das meiner Kindheit. Fremde wurden zu Nachbarn und Freunden. Eure Mitschüler kamen aus vielen Ländern, und das war stinknormal. Genauso wie euer Freundeskreis ziemlich gemischt ist. Als ich für ein Klassentreffen meine alte Schule besuchte, erfuhr ich, dass dort im Jahr 2017 die Schülerinnen und Schüler oder ihre Eltern aus 30 verschiedenen Nationen stammten. In meinem Jahrgang gab es weniger als ein Dutzend Kinder von Einwanderern. Ganz anders war es in der »Szene«, wie das links-alternative Jugendmilieu damals genannt wurde. Ich wohnte in Hanau, einer mittelgroßen Arbeiterstadt, die auch Standort der US-Armee war (inzwischen gibt es dort kaum noch Industrie und keine Garnison mehr). Dort lebten bereits in den 1970er-Jahren viele Arbeitsmigranten und durch die Amerikaner auch zahlreiche andersfarbige junge Leute. Zu meiner Peergroup gehörten iranische Studenten, die dunkelhäutigen Töchter und Söhne von US-Soldaten und etliche Jugendliche mit spanischen, türkischen, italienischen, griechischen oder jugoslawischen Eltern. Es waren zumeist die Töchter und Söhne der ersten Generation sogenannter Gastarbeiter. Manche von ihren waren sogar selbst sehr jung nach Deutschland eingewandert. In der Rückschau erscheint es mir, als wären sie besser integriert gewesen als manche Migrantenmilieus, die sich in späteren Jahrzehnten bildeten. Es gab noch keine Stadtviertel, in denen nach den Sittengesetzen arabischer oder anatolischer Dörfer gelebt wurde, oder lediglich erste Ansätze davon. Was heute fast vergessen ist: In den 1960er-Jahren kamen moderne, junge Frauen aus der Türkei nach Deutschland, die ein selbstbestimmtes Leben anstrebten. Sie waren völlig anders als die traditionsverhafteten türkischen Frauen, die in den 1980er-Jahren als Ehefrauen hergebracht wurden. Das Wort Identität gehörte nicht zu unserem Sprachgebrauch, und unsere unterschiedliche Herkunft war uns egal. Niemand hätte ein Argument mit der Floskel angefangen, dass er eine Sache aus der Perspektive seiner ethnischen Wurzeln, Religion oder Hautfarbe sehe.

Das hat sich gründlich verändert. Nicht nur das Städtchen meiner Schülerzeit, ganz Deutschland wurde in Laufe der Jahrzehnte immer internationaler. Menschen aus anderen Ländern und Weltgegenden und solche mit nichteuropäischem Aussehen leben zu Millionen in den Städten und teilweise auch in den Dörfern. Im Jahr 2023 hat mehr als ein Viertel der deutschen Bevölkerung einen Migrationshintergrund. Ist also selbst eingewandert, oder mindestens ein Elternteil hatte keine deutsche Staatsangehörigkeit. Die Nachkommen der infolge des zweiten Weltkriegs Vertriebenen sind dabei nicht einmal mitgezählt. Deutscher zu sein ist somit immer weniger ein Attribut ethnischer Herkunft, sondern eine Entscheidung. Wenn es gut läuft, bedeutet dies, dass die zugewanderten Bürger sich mit liberaler Demokratie, offener Gesellschaft und der Herrschaft der Gesetze identifizieren. Läuft es schlecht, dann verbinden sie mit diesem Land nichts weiter außer Wohlstand und einer relativ guten sozialen Absicherung durch den Staat. Allerdings denken auch viele Biodeutsche in erster Linie an Euros und Dollars, wenn sie »Westliche Werte«

hören. Obwohl man das Gegenteil annehmen könnte, wurde durch die Normalität der vielen eingewanderten Neubürger die Herkunftsfrage nicht unbedeutender, sondern im Gegenteil furchtbar wichtig. Wenn Menschen aus ihrer Herkunft eine Identität konstruieren, läuft etwas schief. Enkel und Urenkel von Arbeitsmigranten fühlen sich plötzlich als Türken, obwohl sie kein Türkisch können und höchstens im Urlaub mal in der Türkei waren. Andere erleben eine Erweckung zum Islam, den sie vorher kaum kannten. Woke Aktivisten entdecken überall Diskriminierung und klagen die deutsche Gesellschaft an, durch und durch rassistisch zu sein. Junge Rechtsidentitäre wünschen sich einen völkischen Staat, in dem nur noch echte Germanen leben dürfen.

Ist es die getrübte Erinnerung alter Leute, wenn ich das Gefühl habe, dass es nicht mehr, sondern weniger Fremdenfeindlichkeit und Rassismus in Deutschland gibt als in meiner Jugend? Mein Studium finanzierte ich mir durch Taxifahren. Dabei hörte ich von Kunden und Kollegen tagtäglich rassistische Sprüche, für die man heute die Polizei rufen würde. Man sollte sich den Fortschritt nicht von rechten oder linken Identitären schlechtreden lassen. Aber auch supertolerante Schönredner können Schaden anrichten, indem sie Probleme leugnen und das Benennen von Konflikten am liebsten verbieten würden. Dass in manchen Bezirken Berlins oder Duisburgs Parallelwelten entstanden sind, in denen die Gesetze missachtet werden, Clanchefs und Imame die Lebensweise ganzer Straßenzüge bestimmen, ist keine Erfindung der AfD. Man sollte darüber aber nicht vergessen, dass Millionen Menschen aus anderen Ländern hier leben, arbeiten, Steuern zahlen, Unternehmen gründen und sich am Gemeinwesen beteiligen. Das gilt nicht nur für zumeist gut integrierte Zuwanderer aus Indien, Vietnam, Polen, Iran, Ukraine und etlichen anderen Ländern. Sondern auch für die Mehrheit der türkisch- oder arabischstämmigen, die es zu schätzen wissen, in einer offenen und freien Gesellschaft zu leben.

Eine Ironie der Geschichte ist die hässliche Tatsache, dass ausgerechnet auf dem Gebiet der ehemaligen DDR besonders viele verstockte Fremdenfeinde leben. Wo doch die ehemalige Staatspartei SED unentwegt für »Internationale Solidarität« trommelte, den Rassismus in Amerika anprangerte und ihre Propagandaplakate gern mit Afrikanern und Asiaten schmückte. Doch die reale DDR-Gesellschaft blieb so germanisch-homogen wie das Kaiserreich. Arbeiter und Arbeiterinnen aus Vietnam, Angola und Mosambik wurden kaserniert und streng von der Bevölkerung getrennt. Sowjetische Soldaten durften ihre Unterkünfte nur in Gruppen unter Aufsicht eines Offiziers verlassen. Zum Glück war es im Westen anders. Schon in den 1950er-Jahren brachten die jungen amerikanischen Soldaten (bis 1973 noch Wehrpflichtige) frischen internationalen Wind in die muffige Adenauerrepublik. Jazz, Rock, frivole Tänze und lässige Umgangsformen öffneten den deutschen Jugendlichen ein Fenster zu Welt, die offensichtlich attraktiver und lustiger war, als ihre steifen Eltern ihnen verraten hatten. Mir gefällt das vielfältige Deutschland im Großen und Ganzen besser als die Reste traditioneller Uniformität, die ich noch in meiner Kindheit mitbekam. Ihr erlebt Vielfalt bereits als den Normalzustand. Mal sehen, wohin die Reise geht. Hoffentlich nicht in Richtung identitärer Stämme, die sich immer weiter voneinander entfernen. Sondern in ein Gemeinwesen, in dem möglichst viele die Vielfalt genießen und möglichst allen eine freie und offene Gesellschaft am Herzen liegt.

Euer Papa

26

Juden

Liebe Amelie, lieber Moritz,

anders als für die meisten Kinder in Deutschland waren Juden in eurer Kindheit nicht nur historische Gestalten in Schulbüchern, sondern lebendige Menschen, die bei uns in der Küche saßen. Bei mir war das ganz anders. Als Kind wusste ich nicht, was Juden sind. Unser Schulhofjargon war kontaminiert mit dem sprachlichen Restmüll des Dritten Reiches. So wurde die billigste Sorte Silvesterkracher »Judenfürze« genannt. Wo das herkam, wussten wir nicht. Kein Erwachsener klärte uns auf. Der Antisemitismus war nicht verschwunden, nur für uns Kinder unsichtbar. Immer noch überzeugte Nazis verbargen ihre Gesinnung, denn sie hatten schnell gelernt, dass »das Ausland« misstrauisch auf die BRD blickte. Man wollte vor den spendablen Amerikanern gut dastehen.

Wie vermutlich die meisten meiner Generation erfuhr ich das erste Mal von Juden durch Fernsehberichte über NS-Prozesse, bei denen die Leichenberge aus den befreiten Konzentrations- und Vernichtungslagern gezeigt wurden. Neben Entsetzen und Abscheu entstand auch das Gefühl, Juden seien etwas aus der Vergangenheit – Menschen, die nicht mehr existierten. Nicht nur wir Kinder glaubten, es gäbe keine Juden mehr. Auch manche Bürgermeister und Stadtplaner waren offenbar dieser Meinung. Denn in Berlin und anderen Städten der BRD und der DDR wurden Synagogen abgerissen, die die Nazizeit überstanden hatten.

Offenbar rechnete niemand damit, dass sie noch einmal gebraucht würden.

Als älterer Schüler und Student lernte ich dann lebendige Juden kennen, wusste aber zunächst meist nicht, dass sie welche sind. Mein Milieu, die antiautoritäre Linke, war damals das Gegenteil von identitär. Herkunft sollte keine Rolle spielen. Daniel Cohn-Bendit und andere Wortführer der linken Frankfurter Studenten und Jugendlichen machten aus ihrer jüdischen Herkunft kein Thema. Ich wohnte mit dem Sohn eines Holocaustüberlebenden zusammen. Diese Tatsache wurde einmal kurz erwähnt, war aber nie ein Anlass für Gespräche oder tiefere Nachfragen. Irgendwann fiel mir auf, dass viele Autoren meiner Lieblingsbücher jüdisch waren, und ich begann mich für die Rolle der Juden in der deutschen Geschichte zu interessieren. Gleichaltrige jüdische Freunde erzählten mir später, dass sie lange nichts über ihre eigene Herkunft wussten, weil ihre Eltern darüber nicht sprachen, so wie in anderen Elternhäusern über die NS-Vergangenheit der Familie geschwiegen wurde.

Wie dachte und sprach die nichtjüdische deutsche Mehrheit damals über Juden, und wie tut sie es heute? Die offizielle und öffentliche Sprache wurde immer wieder neu erfunden. Ressentiments wurden schwächer, Befangenheit blieb. Die Entwicklung meiner eigenen Beziehung zu Juden spiegelt in vielen Aspekten den Umgang der deutschen Mehrheitsgesellschaft und der Politik mit den Toten, den Überlebenden und Zugewanderten.

Bis zur Mitte der 1960er-Jahre herrschte das große Schweigen. Sogar das Wort war tabuisiert, weil die meisten Deutschen von Goebbels gelernt hatten, dass Jude ein Schimpfwort sei. Diese Befangenheit gegenüber dem Wort blieb noch lange bestehen und führte zu semantischer Akrobatik wie »jüdische Mitbürger«, »Menschen jüdischen Glaubens« oder gar »mosaischen Glaubens«, die man in weihevollen Sonntagsreden hörte. In den 2010er-Jahren brachten Untersuchungen an den Tag, dass auf Schulhöfen »Jude« erneut als Schimpfwort benutz wird, vornehmlich von den Söhnen arabischer Einwanderer.

Als Fritz Bauer und andere mutige Staatsanwälte Mitte der 1960er-Jahre NS-Täter auf die Anklagebank brachten, wurde über Juden oft so geredet, als seien sie ein ausgestorbenes Volk. Es gab wieder ein paar Juden, die im Licht der Öffentlichkeit standen, wie Justizminister Gerhard Jahn oder der beliebte Showmaster Hans Rosenthal, doch kaum einer wusste, dass sie Juden waren – es war ein Nicht-Thema. Viele Jüngere schämten sich der Taten ihrer Elterngeneration, doch wenige interessierten sich für die Überlebenden oder gar für den Staat Israel, der Juden Schutz bot, denen die Flucht aus Europa gelungen war. Zu einer kurzen Welle der Sympathie kam es im Sechstagekrieg 1967, als deutsche Journalisten den israelischen Verteidigungsminister Mosche Dajan zum neuen »Rommel«* erklärten.

In meinem Milieu, der westdeutschen Linken, veränderte sich die Haltung gegenüber Israel in den 1970er-Jahren. Im Weltbild stalinistischer Sekten, die sich damals an den Universitäten breitmachten, war Israel nicht mehr der sichere Hafen der in Europa verfolgten Juden, sondern der Brückenkopf der imperialistischen USA im Nahen Osten. Die Solidarität galt von nun an dem »nationalen Befreiungskampf« der Palästinenser. Zu meinem Glück bewahrte mich der antiautoritäre Geist, der in der linken

* Erwin Rommel: General der Wehrmacht, der im Zweiten Weltkrieg die deutschen Truppen in Nordafrika befehligte.

Szene Frankfurts Oberwasser behielt, vor solchen Wendungen. Doch die Anti-Israel-Ideologie erfasste große Teile der jungen BRD-Linken. In der DDR war sie ohnehin Bestandteil der SED-Politik. Von da an war es nicht weit zum offenen Hass gegen Juden, den man zuvor nur von alten und neuen Nazis kannte. Als Tiefpunkt dieser Welle verübten »linke« Terroristen Attentate auf Juden in Deutschland. So waren die Söhne und Töchter der alten Nazis wieder beim Antisemitismus ihrer Eltern angelangt.

Der Wahn linksautoritärer Sekten infizierte erfreulicherweise nur einen Teil der akademischen Jugend. Die westdeutsche Mehrheitsgesellschaft wandelte sich im Laufe der 1980er-Jahre auf andere Weise. Viele ehemalige Nationalsozialisten waren mittlerweile uralt oder tot. Die Nachkriegsgeneration übernahm Leitungsfunktionen in Politik und Medien. Über die deutschen Verbrechen wurde nun laut und deutlich gesprochen. Die Zahl der Gedenkveranstaltungen und Gedenkorte wuchs. Und man tat nicht mehr so, als seien Hitler und seine Komplizen wie Außerirdische über die ahnungslosen Deutschen gekommen, die von den Untaten nichts ahnten. Die Ermordung der europäischen Juden wurde Thema in den Schulen. Schon bald fingen die ersten an zu jammern, dass viel zu viel über die zwölf Jahre Nationalsozialismus gesprochen würde. Durch Einwanderer aus der Sowjetunion wuchs die Zahl der in Deutschland lebenden Juden wieder. In einigen Städten bauten man neue Synagogen oder renovierte, was von den alten übriggeblieben war.

Nicht nur das öffentliche Sprechen über – und endlich auch mit – Juden veränderte sich, sondern auch die Formen des Antisemitismus. Bekennende Antisemiten waren in meiner Kindheit und Jugend in Westdeutschland rar. Nur gelegentlich hörte man alkoholisierte Dumpfbacken eklige Sprüche in ihr Bier brabbeln. Selbst die NPD hielt sich mit offenem Antisemitismus zurück. Der »linke« Antisemitismus, der sich als Solidarität mit den Palästinensern tarnte, blieb auf ein relativ kleines Milieu beschränkt. Das änderte sich durch die Wiedervereinigung und später nochmals durch die Masseneinwanderung aus arabischen Ländern, in denen Hass auf Israel und Juden zur Staatsräson gehört. Seit den 1990er-Jahren ist offen antisemitische Hetze keine Ausnahmeerscheinung mehr. Am schlimmsten in ostdeutschen Provinzen, in denen überhaupt keine Juden leben. Die meisten Judenhasser sind ihrem Feindbild nie begegnet. Das ist auch kein Wunder, denn der Bevölkerungsanteil der Juden liegt bei 0,11 Prozent. Übrigens war er auch schon vor dem Massenmord sehr klein in Deutschland (0,77 Prozent).

Auch wenn offener Antisemitismus bisher auf Rechtsradikale, Verschwörungsgläubige und muslimische Minderheiten beschränkt blieb, so finden sich viele Muster des Antisemitismus heute in der häufig maßlosen Kritik am Staat Israel wieder. Und dies ist kein Randphänomen mehr, sondern erfreut sich wachsender Beliebtheit bei einem erheblichen Teil aller politischen Lager, bei Kirchenleuten und woken Postkolonialisten.

Eine Umfrage im Mai 2012 ergab, dass 70 Prozent der Bundesbürger glauben, Israel verfolge seine Interessen ohne Rücksicht auf andere Völker. 59 Prozent finden, dass Israel aggressiv sei. Als Günter Grass in einem als Gedicht bezeichneten Text Israel eine »Gefahr für den Weltfrieden« nannte, wurde er zwar von vielen Kommentatoren kritisiert. Doch sein Bauchgefühl trog ihn nicht. Er spürte eine Mehrheit hinter sich. Warum ist das einzige freie, demokratische Land im Nahen Osten so vielen Deutschen unsympathisch?

Die Vermutung, dass das uralte Ressentiment gegen Juden dabei eine Rolle spielt, ist nicht weit hergeholt. Fragt man Anti-Israel-Aktivisten, antworten sie, dass das Schicksal der Araber in den palästinensischen Autonomiegebieten ihr Mitgefühl weckt. Das ist ehrenwert, steht aber in einem seltsamen Gegensatz zum allgemeinen Desinteresse an Ländern wie Kambodscha, Ruanda, Sudan, Jemen, Sri Lanka, Myanmar oder Kongo, in denen Tausende vertrieben und ermordet wurden (und in einigen dieser Länder immer noch werden), ohne dass es in Deutschland zu Protesten kam. Die Verdammung des israelischen Staates wird häufig mit den Worten eingeleitet, man dürfe hierzulande ja nichts gegen Israel sagen. Und »Gerade wir als Deutsche« müssten Israel auf den Pfad der Tugend leiten, auf das nicht neues Unrecht geschehe. Israel sollte möglichst so sein, wie Deutschland einst besser gewesen wäre: gewaltlos, friedlich, zu Kompromissen mit den Nachbarstaaten bereit. Dann, so die Vision der Gutmeinenden, würden die Regimes in den umgebenden Ländern, die Juden nicht mehr hassen, sondern sich von ihrem Edelmut anstecken lassen.

In den 2020er-Jahren erstarkten erneut die uralten Gerüchte einer jüdischen Weltverschwörung. Sie gehörten zur Gesinnung vieler Teilnehmer der sogenannten Querdenker-Bewegung gegen Pandemie-Schutzmaßnahmen. Esoteriker und völkische Aktivisten erklärten alles Übel zum Werk jüdischer Hochfinanz und ihrer Helfer, der globalistischen Eliten. Wie schon so oft fand der Antisemitismus eine zeitgeistige Form. 2022 erklärte der Online-Duden, dass die Bezeichnung »Jude« »gelegentlich … als diskriminierend empfunden« werde. Ein sprachlicher Erfolg der alten und neuen Antisemiten, die »Jude« als Beleidigung benutzen.

Ende des 20. Jahrhunderts hatten viele so wie ich Hoffnung, Antisemitismus werde aussterben. Das war naiv. Es zeigte sich, dass es sich um einen Wahn handelt, der immer wieder Einzelne oder Gruppen befällt, völlig unabhängig davon, ob diese jemals einem Juden begegnet sind. Wahrscheinlich hat es keinen Sinn, das verstehen zu wollen. Es zu bekämpfen aber sehr wohl.

Euer Papa

27

Weltgeschichte

Liebe Amelie, lieber Moritz,

ich schreibe diese Briefe an euch in aufregenden Zeiten. Durch Putins Krieg gegen die Ukraine und die globale Covid-19-Pandemie wurde die Welt erschüttert. Viel Unheil, welches man überwunden oder zumindest fast überwunden glaubte, kehrt zurück. So groß wie seit Jahrzehnten nicht mehr ist die Gefahr, dass Millionen Menschen ärmer werden und in einigen Ländern Hungersnöte ausbrechen. Politiker und Journalisten sprechen von einer Zeitenwende. Bisher kriegen wir in unserem Alltag noch relativ wenig davon mit, und unser behütetes und gesichertes Leben geht weiter. Aber auch ihr spürt: Die Weltgeschichte ist nichts Entferntes, das irgendwo anders stattfindet, sondern klopft manchmal an unsere Tür. Genießt es also, wenn die Zeiten wieder ruhiger werden. Die Beschaulichkeit kann schnell vorbei sein.

Das kurze Stückchen Weltgeschichte, das ich erlebte, nahm einige überraschende Wendungen, die kein Experte auf dem Zettel hatte. »Wenn Frankreich sich langweilt«, lautete die Überschrift eines Artikels, der am 15. März 1968 in der Tageszeitung *Le Monde* erschien. Der Autor reflektierte darüber, dass in Deutschland und anderen Ländern Studenten auf den Straßen rebellierten, während sie an französischen Hochschulen nicht mehr als unpolitische Spektakel zustande brächten. Wenige Wochen später begann das, was als »Pariser Mai« in die Geschichte einging:

Die größten, gewalttätigsten und ausdauerndsten Straßenkrawalle des unruhigen Jahres 1968. Denen sich – im Gegensatz zu Deutschland – sogar die Arbeiter einiger Fabriken anschlossen.

Die Fehleinschätzung von *Le Monde* wurde berühmt und gilt heute als Beispiel dafür, dass große Ereignisse manchmal über Nacht eintreten. Seit dem Zusammenbruch der kommunistischen Diktaturen in der Sowjetunion und Osteuropa und dem Fall der Berliner Mauer sind überraschende Veränderungen der politischen Weltlage eher die Regel als die Ausnahme.

Meine Kindheit und Jugend fiel in einer Zeit spannungsreicher Konflikte, die jedoch alle auf der gleichen Grundlage ausgetragen wurden, der Zweiteilung der Welt zwischen den Einflusssphären der kapitalistischen USA und der kommunistischen UdSSR. Ob Koreakrieg, Berlin-Blockade, Ungarnaufstand, Kuba-Krise, Vietnamkrieg oder die sowjetische Okkupation der Tschechoslowakei (und etliche weitere Konflikte), stets standen sich die Machtblöcke drohend gegenüber. Um dann am Ende doch einen dritten Weltkrieg zu vermeiden. Dass diese Blockkonfrontation einmal vorbei sein könnte, weil die eine Seite in sich zusammenbricht, sah noch Mitte der 1980er-Jahre kaum ein Experte voraus. Ebenso wenig wie die erneute Blockkonfrontation der 2020er-Jahre, bei der wiederum Amerika und Europa den Großmächten Russland und China gegenüberstehen. Die nun zwar kapitalistisch geworden sind, doch weiterhin antidemokratisch und auf territoriale Eroberungen aus.

Ein anderer weltgeschichtlicher Wandel, der sich im gleichen Zeitraum wie der Kalte Krieg zwischen den beiden Supermächten abspielte, war mindestens ebenso bedeutend, erhielt jedoch in Deutschland weniger öffentliche

Aufmerksamkeit: das Ende des Kolonialismus. Land für Land wurde die britische, französische, holländische, belgische, portugiesische oder japanische Fremdherrschaft entmachtet. Manchmal friedlich und geordnet, manchmal nach jahrelangen blutigen Guerillakriegen. Mitte der 1970er-Jahre hatten dann nahezu alle Länder ihre Unabhängigkeit erreicht, die einst zu den Kolonialreichen europäischer Staaten oder Japans gehörten. Als 1991 die Sowjetunion zerfiel, erklärten sich schließlich auch die nichtrussischen Sowjetrepubliken für unabhängig von Moskau. Ich besitze noch eine kleine Weltkarte aus meinem Geburtsjahr 1956. Ein Großteil der heutigen Staaten ist darauf nicht eingezeichnet, dafür Territorien mit längst vergessenen Bezeichnungen wie »Französisch Westafrika«.

Das größte historische Ereignis meines Lebens war die Öffnung der geschlossenen, befestigten und streng bewachten Grenzen zwischen Ost- und Westeuropa und der daraus folgende Fall der Berliner Mauer. Durch etliche Reisen in die DDR, die Tschechoslowakei, Polen, Ungarn und die Sowjetunion waren mir die Menschen jenseits des »Eisernen Vorhangs« (wie Winston Churchill die Ost-West-Grenze nannte) vertraut. 1989 freute ich mich mit ihnen, glücklich, dass der lange Winter stalinistischer Gewaltherrschaft endlich vorbei war. Mit meinen Freudentränen war ich allerdings ziemlich einsam. Anfang 1989 hatte ich einen Job in München angenommen und war dort hingezogen. In der bayerischen Hauptstadt war das Interesse an dem welthistorischen Geschehen erstaunlich unterentwickelt. Den meisten Münchnern, die ich als Zugezogener kennenlernte, lag Italien mehr am Herzen als die DDR.

Ein anderes epochales Ereignis habe auch ich in seiner globalen Auswirkung unterschätzt: den Sieg der Islamisten in der iranischen Revolution zehn Jahre zuvor. Wie der radikale Islam die Welt erschüttern würde, begriff ich erst viel später. Spätestens nach den Terroranschlägen vom 11. September 2001 spielte religiöser Fanatismus wieder eine Hauptrolle auf der Weltbühne. Todeswütige Glaubenskrieger, die man in Europa für ein Phänomen aus dunkler Vergangenheit gehalten hatte, verbreiteten Angst und Schrecken auf allen Kontinenten. Versuche, mit klassischen militärischen Mitteln dagegen anzukommen, scheiterten oft – zum Glück aber nicht immer. Während ich diese Briefe schreibe, scheint die weltweite Welle islamistischen Terrors etwas abgeebbt zu sein. Eine neue Zweiteilung des Globus zieht herauf. Autoritäre Regime, die sich zu einem Machtblock verbinden, positionieren sich gegen die Demokratien. Die Herrscher Russlands und Chinas haben ihre Länder hochgerüstet und bieten sich als Schutzmacht für kleinere Diktaturen an. Nachbarländer, die sich nicht unterwerfen, werden militärisch erobert. Im Gegensatz zu den meisten Gewaltherrschern der Vergangenheit sind manche der neuen totalitären Systeme wirtschaftlich erfolgreich – allen voran China. Vielleicht wird dies das weltpolitische Thema eures Lebens.

Weder den Zusammenbruch des kommunistischen Blocks noch den Aufstieg des politischen Islam hatten Experten auf dem Zettel. Beides kam nicht über Nacht. Doch die meisten Politiker und professionellen Beobachter unterschätzten, welche ungeheuren Kräfteverschiebungen im sowjetischen Machtbereich und in der muslimischen Welt stattfanden. Sie interpretierten das Weltgeschehen durch die Brille der Blockkonfrontation und übersahen vieles, das sich außerhalb der gewohnten Koordinaten entwickelte.

Ganz ähnlich verhielt es sich mit dem Siegeszug der grünen Weltanschauung. Im 20. Jahrhundert hatte man sich in

Europa daran gewöhnt, dass es zwei große politische Lager gab: rechts und links. Im Fokus stand die Klassenfrage. Links war auf der Seite der Besitzlosen und Schwachen, rechts auf der Seite der Etablierten und Besitzenden. Im deutschen Parteienspektrum der Nachkriegszeit trat die CDU als konservative Hüterin der traditionellen Ordnung und des christlichen Erbes auf. Die SPD präsentierte sich als Anwalt der abhängig Beschäftigten und des gesellschaftlichen Fortschritts. Dazwischen stand die FDP, die wie die CDU die wirtschaftlich besser Gestellten vertrat, sich jedoch als Freundin von Freiheit und Fortschritt von den Konservativen abgrenzte. Radikale Positionen auf der rechen und linken Seite gab es auch, sie hatten aber im alten Westdeutschland keinen allzu großen Einfluss.

Alle Parteien verschliefen, was die Bevölkerung ab Mitte der 1970er-Jahre mehr und mehr bewegte. Der weder rechts noch links einzuordnende Umweltschutz wurde zum Thema Nummer Eins. Auch für mich. In den 1980er-Jahren enststand daraus mein Beruf. Als junger Journalist war es ein großer Vorteil, dass ich mich von Jugend an intensiv mit Umweltthemen befasst hatte. Dadurch war ich besser »im Stoff« als viele Ältere und in der glücklichen Situation, dass mein persönliches Interessengebiet perfekt in den Zeitgeist passte. Was es bedeutete, vom Zeitgeist abzuweichen, lernte ich später, als ich umweltpolitische Fehlentscheidungen kritisierte.

In den 1970er-Jahren standen zunächst Luft- und Wasserverschmutzung und das Müllproblem im Fokus der Öffentlichkeit, kurz darauf die Angst vor den Risiken der Atomenergie. Dann kam die große Furcht vor einem totalen Waldsterben, die die Deutschen aller Altersgruppen, Regionen und sozialen Schichten erfasste. Die anschwellenden Umweltsorgen katapultierten eine neue Partei in die Parlamente, die geschickt konservative und linke Denkmuster miteinander vermischte. Seit den 1980er-Jahren bestimmen die Grünen viele Themen, auf die die anderen Parteien reagieren müssen. Ein politischer Triumphzug, den kaum jemand voraussah – und der in keinem anderen Land so erfolgreich verlief wie in Deutschland. Seit ein Großteil der Deutschen die grüne Weltanschauung angenommen hat, rückten Themen in den Fokus der Politik, die zuvor als völlig unpolitisch angesehen wurden. Das Wetter, Essen, Autofahren, Urlaubsreisen oder das Heizen in den eigenen vier Wänden waren belanglose Plauderthemen. Heute sind sie Anlässe für politisch-moralische Grundsatzdebatten.

In den westlichen Demokratien wuchs in den 2000er-Jahren am rechten Rand des politischen Spektrums – finanziert von Putin – eine weitere neue Kraft heran, die in etlichen Ländern Europas und Amerikas das alte politische Gefüge schwer erschütterte, Regierungen stürzte und Wahlen gewann. In Deutschland blieben die Nationalkonservativen und rechtsradikalen Kräfte bisher verglichen mit anderen Ländern relativ schwach. Wie diese Entwicklung weitergehen wird, weiß man nicht.

Ich habe genügend politische Überraschungen erlebt, um es noch ernst nehmen zu können, wenn Politiker oder Journalisten die Zukunft von Staat und Gesellschaft vorhersagen. Oder wie es bei Goethe heißt: »Seltsam des Propheten Lied, doppelt seltsam was geschieht.« In der Geschichte Deutschlands und der Welt tauchten immer wieder unvorhergesehene Ereignisse auf, die dem Geschehen eine völlig neue Richtung gaben. Fundamentale politische Wenden passieren manchmal in wenigen Tagen – auch in einem eher ruhigen und demokratisch gefestigten Land wie Deutschland. Den Ausstieg aus der Kernenergie 2011, die Öffnung der Grenzen für syrische und andere Flüchtlinge 2015 oder die neue, entschlossene Verteidigungspolitik 2022 sah niemand voraus.

Während ich dies schreibe, ist der Krieg Putins gegen die Ukraine das beherrschende politische Thema. Davor war es die Covid-19-Pandemie, die seit Dezember 2019 enormen Einfluss auf die Weltpolitik und das Leben von Milliarden Menschen hatte. Ein paar Monate vor dem Ausbruch in China war die Gefahr einer globalen Seuche, ausgelöst durch ein zuvor unbekanntes Virus, nur wenigen Experten bewusst. Ein klassischer »Schwarzer Schwan« im Sinne des Finanzmathematikers Nassim N.Taleb. Geschichte kann über Nacht die Richtung wechseln. Dennoch ist es sinnvoll, über die Zukunft nachzudenken und sich auf wahrscheinliche Ereignisse einzustellen. Ihr solltet jedoch stets einkalkulieren, dass es kein Wissen über die Zukunft gibt.

Euer Papa

28

Krieg

Liebe Amelie, lieber Moritz,

als ihr noch im Kinderwagen lagt, war Krieg in Europa – auf dem Balkan, sechs Autostunden von München entfernt. Als ich geboren wurde, war der Zweite Weltkrieg elf Jahre vorüber, und eine lange Phase der Verständigung und Versöhnung zwischen den Nationen Europas brach gerade an. In der ersten Hälfte meines Lebens hielt ich Krieg in Europa für ausgeschlossen. Ihr wurdet in eine Epoche geboren, in der das leider nicht mehr gilt.

In meiner Jugend gehörte das Thema »Krieg in Europa« der Vergangenheit an – glaubten wir. Allerdings einer Vergangenheit, die das Leben meiner Eltern, aller Tanten, Onkel und Großeltern auf krasseste Weise umgeworfen hatte. Meine beiden Opas lernte ich nie kennen, da der eine durch den Ersten und der andere im Zweiten Weltkrieg zu Tode kam. Die Familie mütterlicherseits musste bereits im Ersten Weltkrieg aus ihrer Heimat fliehen, die im Ostteil Polens lag, der damals zum Zarenreich gehörte. Am Ende des Zweiten floh meine Oma mit vier Töchtern dann weiter Richtung Westen. Mein Vater und alle Onkels waren Soldaten der Wehrmacht. Glücklicherweise überlebten sie alle, einige schwer verletzt, einer für immer körperlich behindert. Die Oma väterlicherseits wurde in Berlin durch eine Fliegerbombe verschüttet und musste ausgegraben werden. Diese Erfahrungen hatten immerhin die erfreuliche Folge, dass in der gesamten Verwandtschaft niemand den Krieg als »große Zeit« verklärte, wie es in den 1960er-Jahren durchaus noch vorkam. Außer vielleicht mein Nazi-Onkel, der aber in der DDR lebte und den ich nur einmal im Leben für ein paar Stunden sah.

Als Jugendlicher war für mich klar, dass ich nicht zur Bundeswehr gehen werde. Verweigerte man den Wehrdienst, musste man sich damals einer Gewissensprüfung unterziehen, die ähnlich wie eine Gerichtsverhandlung ablief. Als Verweigerer wurde man dabei nur anerkannt, wenn man das Gremium davon überzeugen konnte, nie eine Waffe in die Hand nehmen zu wollen, weil das Gewissen dies verbietet. Das war jedoch nicht meine Überzeugung. Aber ich belog die Kommission so gut ich konnte, präsentierte mich als fundamental pazifistisch und kam damit durch. Den 18-monatigen Zivildienst leistete ich dann als Pflegehelfer in einem Krankenhaus ab.

Am 26. Juni 1991 kehrte der Krieg nach Europa zurück. Kaum jemand in Westeuropa erkannte damals, dass das Feuergefecht an diesem Tag Krieg bedeutete. Es kam zum ersten Schusswechsel zwischen Soldaten der jugoslawischen Armee und Kämpfern des neuen Staates Slowenien, der sich von Jugoslawien abgespalten hatte. Auch ich begriff damals nicht, dass dies ein Krieg war. Es war, so kann man im Nachhinein entschuldigend sagen, ein sehr kleiner Krieg, der nach zehn Tagen mit dem Abzug der jugoslawischen Armee aus Slowenien endete. 44 Menschen wurden getötet, 146 verletzt.

Doch das war nur der Anfang dessen, was in der Folge den Balkan in Brand setzte. Im September 1991 kam es dann zur ersten großen Schlacht des serbisch-kroatischen Krieges, der bereits im Frühjahr mit kleineren Scharmützeln begonnen hatte. 1992 folgte der Bosnienkrieg. Als schließlich der Kosovokrieg (1998–1999) vorüber war, hatten über 200.000 Einwohner des einstigen Jugoslawien ihr Leben verloren.

Auch in der ersten Hälfte meines Lebens war die Welt nicht friedlich – es fühlte sich im friedliebenden Deutschland jedoch so an. Die Arbeitsgemeinschaft Kriegsursachenforschung der Universität Hamburg gibt an, dass zwischen 1945 und 2020 weltweit 242 Kriege geführt wurden, darunter 170 Bürgerkriege, der Rest zwischen Staaten. An die meisten kann sich in Deutschland kaum noch jemand erinnern. Dass in den 1970er-Jahren Tansania gegen Uganda Krieg führte oder Vietnam gegen Kambodscha, ist nur wenigen meiner Generation noch bewusst. Stärker ins Gedächtnis prägten sich Kriege, an denen die Großmächte beteiligt waren: Vietnam, Falklandinseln, Afghanistan, Irak.

Wie viele meiner Generation begann ich mich aus Protest gegen den Vietnamkrieg politisch zu engagieren. Man verfolgte das Geschehen, empörte sich über die schrecklichen Bilder und demonstrierte. Doch der Krieg fand weit weg statt, auf einem anderen Kontinent – wie auch alle anderen Kriege zwischen 1945 und 1991. Krieg in Europa schien ausgeschlossen. Intellektuelle und Friedensaktivisten warnten zwar immer davor, dass der kalte Krieg zwischen den Supermächten heiß werden könnte. Hunderttausende demonstrierten in den 1980er-Jahren gegen die Stationierung von Atomraketen auf deutschem Boden. Doch die meisten Menschen vertrauten darauf, dass kein amerikanischer Präsident und kein sowjetischer Parteichef so wahnsinnig wäre, einen Atomkrieg zu entfesseln, der zwangsläufig zur eigenen Vernichtung geführt hätte.

In Abständen kam es zu prekären Situationen, bei denen sich Ost und West mit Atomwaffen drohten. Die schlimmste im Jahr 1962, als die UdSSR-Führung Raketen auf Kuba stationierte und in Deutschland die Angst vor einem dritten Weltkrieg grassierte. Doch im letzten Moment fanden Moskau und Washington immer eine Formel, um Konflikte zu entschärfen.

Krieg in Europa? Das war undenkbar. Als ich euch bei einem Frankreichurlaub einmal erzählte, dass Deutschland und Frankreich oft Krieg gegeneinander geführt hatten, sogar noch zu Lebzeiten eurer Großeltern, da konntet ihr das kaum glauben. Mit Krieg in Europa war 1945 ein für allemal Schluss. Nachdem Millionen Soldaten und Zivilisten verblutet waren, hatten Bewohner des alten Kontinents ihre Lektion gelernt. Das glaubten viele meiner Generation – bis 1991.

Von Zeit zu Zeit war das Thema Krieg sehr präsent. Immer wenn Amerika Krieg führte, berichteten alle Medien ausführlich. Auf den Straßen demonstrierten Zehntausende, und Friedensfahnen hingen aus den Fenstern. Besonders heftig wurde die Empörung vor und während der beiden Irakkriege (1991 und 2003). Dennoch war das Sterben weit weg, und kaum jemand hatte wirklich Angst, dass Deutschland in einen dieser Konflikte verwickelt werden könnte.

Der erste Krieg, an dem Deutschland wieder teilnahm, war der Kosovokrieg 1998, bei dem es um die Unabhängigkeit des Kosovo von Serbien ging. Doch das Gefühl, sich raushalten zu können, blieb auch danach noch lange bestehen. Deutschland engagierte sich, wenn es gar nicht mehr anders ging, mit Geld, humanitärer Hilfe und gelegentlich mit logistischer oder technischer Unterstützung. Diese Haltung erodierte im Afghanistankrieg (2001–2021), wo deutsche Soldaten immer wieder in Gefechte verwickelt wurden. Doch auch dieser Konflikt schwelte im Hintergrund und war selten ein großes Thema. 2011 setzte die

Bundesregierung die Wehrpflicht aus, die auch schon zuvor nur noch auf dem Papier existierte.

Dass Krieg nicht etwas ist, was nur in fernen Ländern vorkommt, wurde vielen Bürgern am 24. Februar 2022 klar, als Wladimir Putin die russische Armee gegen die Ukraine schickte. Seither ist die Möglichkeit eines Krieges inmitten Europas kein theoretisches Gedankenspiel mehr. 2022 war viel von einer Zeitenwende die Rede. Die Einsicht in die Notwendigkeit, sich verteidigen zu können und dafür auch Geld auszugeben, wurde quasi über Nacht (beinahe) Konsens. Solange Russland von einem Autokraten regiert wird, der das alte russische Imperium wieder errichten will, wird der europäische Frieden fragil bleiben. Ein frustrierender Rückwärtsgang der Geschichte.

Wie alle Väter und Mütter wünsche ich mir für euch eine friedliche Welt. Falls das Putin-Regime gestürzt wird, besteht zumindest eine gewisse Chance, dass der Ukraine-Krieg der letzte in Europa bleibt.

Euer Papa

29

Apokalypse

Liebe Amelie, lieber Moritz,

Zeitungen berichteten in den 2020er-Jahren, dass schon kleine Kinder von Weltuntergangsängsten heimgesucht werden. Kinderpsychologinnen beschrieben Fälle minderjähriger Patienten, die völlig verstört waren, weil sie glaubten, ein sich erwärmendes Klima würde ihr Leben auslöschen. Auf Demonstrationen trugen Jugendliche Schilder mit der Aufschrift »Ich werde am Klima sterben« – und meinten das ernst. Angst vor der großen Erderhitzung gehört zum Sound der Zeit. Das ist nicht neu. Für meine Generation war es immer fünf vor zwölf. Auch wenn die erwarteten Mega-Katastrophen nicht eintraten, blieb das Endzeitgefühl konstant. Als Eltern haben wir uns bemüht, euch Zuversicht zu vermitteln – ein Gegenpol zu apokalyptisch gestimmten Lehrern und Medien. Und wenn ich heute mit euch diskutiere, denke ich, es ist uns ganz gut gelungen. Im Gegensatz zu vielen anderen eurer und späterer Generationen, denen die Untergangspropheten ein Stück Lebensfreude geraubt haben.

Im Jahr 1986 versank der Kölner Dom in der Nordsee. Nicht wirklich, sondern auf dem Titelblatt des *Spiegel*. Damals, als die Angst vor dem Waldsterben die Westdeutschen noch fest im Griff hatte, trumpfte das Hamburger Magazin mit einer neuen, noch viel schlimmeren Vorhersage auf. Und wieder waren die Menschen schuld. Denn mit Fabriken, Kraftwerken und Motoren belasten sie die

Atmosphäre mit dem Gas Kohlendioxid (CO_2), was zu einer globalen Klimaerwärmung führt. Der überflutete Dom diente in der Bundesrepublik für einige Jahre als Symbol für eine demnächst eintretende globale Klimakatastrophe, noch bevor der Eisbär zur Untergangsikone avancierte. Das Ende war stets nah. Wie nah genau, war umstritten. »Wir haben nur noch 13 Jahre«, titelte die *Bild*-Zeitung im Jahr 2007, verlängerte die letzte Frist jedoch 2019 unter Berufung auf »australische Forscher« auf 31 Jahre. 2050 sollte demnach endgültig Schluss sein.

Seit ich Zeitung lesen konnte und die Nachrichten der *Tagesschau* halbwegs verstand, las, sah und hörte ich, dass die Welt bald unbewohnbar sei, weil wir Menschen den Planeten ruinieren. Das erste Weltuntergangsszenario, an das ich mich erinnere, war der Atomkrieg zwischen den Vereinigten Staaten und der Sowjetunion. Es folgte »Die Bevölkerungsbombe«. So hieß ein international erfolgreiches Buch des Biologen Paul R. Ehrlich, das 1971 auf Deutsch erschien und dessen Thesen bis heute von vielen Menschen geglaubt werden, obwohl sie von der Realität längst widerlegt wurden. Damals lebten drei Milliarden Menschen auf der Erde. Für Ehrlich war bereits das viel zu viel. Er prognostizierte, Hunger und Armut würden sich auch in den reichen Industrieländern ausbreiten. Deshalb müsse man bis zum 21. Jahrhundert die Menschheit auf zwei Milliarden reduzieren. Am besten mit der Beigabe von Sterilisationsmitteln ins Trinkwasser. Doch das Gegenteil trat ein. In immer mehr Ländern nahm der Lebensstandard zu. Hungersnöte wurden seltener. Durch Fortschritte in der Landwirtschaft stehen heute in den ärmsten Ländern pro Person so viel Kalorien zur Verfügung wie in den 1960er-Jahren für die Menschen der reichsten Länder. Dass dennoch Menschen hungern, liegt an Kriegen, Bürgerkriegen und unfähigen Regierungen. In fast allen Ländern sinkt die Geburtenrate seit Jahrzehnten.

Auf die Angst vor Überbevölkerung folgte die Furcht vor dem Ende aller Ressourcen und ein gutes Dutzend weiterer Apokalypse-Erwartungen, die ich nur deshalb überlebte, weil sie nicht eintraten. Manche dieser Angstwellen erfassten auch andere westliche Industrieländer. Andere blieben auf Deutschland beschränkt, wie das Waldsterben. Die Furcht vorm Verlust aller Bäume endete an den Grenzen zu Frankreich, Italien und anderen Nachbarländern, wo das deutsche Wort »Waldsterben« in den Sprachschatz einging, man jedoch gelassener blieb. In der englischsprachigen Welt kam der Begriff »German Angst« auf.

Für euch ist Endzeitrhetorik normal. Sie war es nicht immer. Die Weltuntergänge der 1960er-Jahre waren noch ein Minderheitenprogramm. Glaube an den Fortschritt regierte den Zeitgeist der ersten drei Nachkriegsjahrzehnte. In den Kinder- und Jugendbüchern für Jungen ging es um Raumfahrt und technische Utopien, wie Städte am Meeresgrund und fliegende Autos. Auch die 1967 beginnenden Studenten- und Jugendunruhen waren noch von Fortschrittsideen durchdrungen. Man stellte sich die Zukunft als ein sozialistisches Paradies vor, in dem alle vorhandenen und zukünftigen Errungenschaften der Technik und der Wissenschaft zum Wohle aller Menschen voll ausgeschöpft werden sollten. Doch nachdem dieser Zeitgeist mit der Mondlandung 1969 einen Höhepunkt erreicht hatte, wurde er im Laufe der 1970er-Jahre immer schwächer und schließlich durch ein neues ängstliches Lebensgefühl abgelöst. Zu Beginn der 1980er-Jahre war die Grundmelodie in Medien und Kulturbetrieb pessimistisch – überall drohte die Öko-Apokalypse. Ich bin sehr froh, die letzten

Jahre eines fortschrittsoptimistischen Lebensgefühls noch miterlebt zu haben. Denn das ermöglichte mir, den neuen Zeitgeist nicht einfach für etwas »Normales« zu halten. Ich konnte vergleichen.

Ende der 1970er-Jahre demonstrierten Hunderttausende gegen die Kernkraft. Was gestern noch als technische Errungenschaft gefeiert wurde, verwandelte sich fast über Nacht in Teufelswerk. Ab da stand die Uhr für meine Altersgenossen und mich immer auf fünf vor zwölf. Die erste Generation, die anders als ihre Eltern, Großeltern und alle Vorfahren keinen Krieg, keine politischen Massenmorde, keine Unterdrückung durch Diktatoren oder Monarchen und keine Hungersnöte durchmachen musste. Die erste Generation, die ihr ganzes Leben in Frieden, Wohlstand und – sofern in Westdeutschland aufgewachsen – auch in Freiheit verbracht hatte. Eine Generation, die so alt wird wie noch keine zuvor, fühlte sich unentwegt vom Untergang bedroht.

Einige Untergangsprognosen überdauerten nur ein paar Jahre, andere mehr als ein Jahrzehnt, einige dauern bis heute an (ich schreibe dies im Jahr 2023). Das Waldsterben beispielsweise ängstigte die Deutschen von 1980 bis nach der Jahrtausendwende. Obwohl viele Wissenschaftler schon in den frühen 1990er-Jahren sicher waren, dass es nicht zu dem erwarteten flächendeckenden Absterben der Bäume in Deutschland kommen werde.

Ein Untergangsszenario hat alle anderen übertroffen: die katastrophale Klimaerwärmung. Seit Mitte der 1980er-Jahre sagten Experten schlimme und schlimmste Folgen eines Klimawandels voraus. »Ich sage Ihnen, dass wir unsere Kinder in einen globalen Schulbus hineinschieben, der mit 98-prozentiger Wahrscheinlichkeit tödlich verunglückt«, verkündete der deutsche Physiker und Kanzlerinberater Hans Joachim Schellnhuber. Journalisten, Politiker und Klimaaktivisten beschworen auf dieser Grundlage das Ende der Welt. Einige dieser Prognosen sind auch eingetreten. So gibt es in Europa mehr heiße Sommertage und mehr Starkregen, die meisten Gletscher auf der Welt schrumpfen, und das Eis am Nordpol zog sich zurück. Allerdings nicht so rasant wie vorhergesagt. 2009 hatte der frühere Vizepräsident der Vereinigten Staaten Albert Gore das völlige Verschwinden des Nordpols für 2016 anberaumt. Auch die Zahl der Eisbären nahm entgegen den Prognosen nicht ab, sondern zu. Trotz drastischer Prophezeiungen gab es weltweit nicht mehr Stürme und Dürren, und immer weniger Menschen starben durch klimabedingte Naturkatastrophen. Der globale Meeresspiegel steigt um wenige Millimeter im Jahr, was im erdgeschichtlichen Vergleich nicht extrem ist. In den 1980er-Jahren hatten Experten vorausgesagt, die Malediven würden in den folgenden 20 Jahren im Meer versinken. »Ein leitender Umweltbeamter der UN sagt, bis zum Jahr 2000 würden durch den steigenden Meeresspiegel ganze Nationen von der Erde verschwinden, wenn der Trend zur globalen Erwärmung nicht umgekehrt wird«, meldete die Nachrichtenagentur *Associated Press* (AP) am 30.6.1989. Eineinhalb Jahrzehnte später (12.10.2005) beschrieb der britische *Guardian* die Klima-Zukunft so: »Naturkatastrophen werden mehr Menschen vertreiben als Kriege…Steigender Meeresspiegel, Ausdehnung der Wüsten und Trinkwassermangel würden zu 50 Millionen Flüchtlingen bis zum Ende des Jahrzehnts führen, warnen Experten.« Solche Prognosen wurden von Mitte der 1980er-Jahre bis heute tausendfach gedruckt, gesendet und via Internet verbreitet. Sie formten das öffentliche Bewusstsein so stark wie politische Ideologien in der ersten Hälfte des 20. Jahrhunderts oder die Religionen in den Jahrhunderten davor.

Düstere Prognosen gehörten zum Sound meiner Generation wie Rockmusik und das Piepsen der omnipräsenten Elektronik. Es gab nie eine Pause, wenn die eine Angstwelle vorüber war, folgte die nächste. Als sich gegen Ende des 20. Jahrhunderts die Umweltsituation in den Industriestaaten besserte, wurden die Vorhersagen jedoch nicht moderater, sondern im Gegenteil immer schriller. Blieb der Weltuntergang aus, war dies nie Anlass zu Kritik oder gar zu einer Revision. Neue Paniken ersetzten die alten, die nach einer Weile in Vergessenheit gerieten.

Einige der aufeinanderfolgenden Angstwellen wurden durch Katastrophen ausgelöst wie dem Chemieunfall von Seveso (1976) oder der Reaktorhavarie von Tschernobyl (1986). Andere durch erfolgreiche Bücher oder Studien einer neuen Gattung von Propheten, die man Zukunftsforscher nannte. Das baldige Ende sämtlicher Rohstoffvorräte weltweit sagte der amerikanische Ökonom Dennis Meadows in seiner Studie »Die Grenzen des Wachstums« voraus, die ein Bestseller in den Industrieländern wurde. In einem *Stern*-Interview verkündete Meadows 1974, dass es durch die kommende Knappheit zu »Milliarden Toten« kommen werde. Untergangspropheten wie Meadows oder Paul R. Ehrlich avancierten zu gefeierten Stars und blieben es auch, als ihre Vorhersagen längst von der Realität widerlegt worden waren.

Eine Minderheit von Autoren, darunter viele Wissenschaftler, versuchte den Untergangspropheten die Fakten entgegenzuhalten. Sie machten auf die Unsicherheit der Prognosen und die falschen Prämissen aufmerksam, fanden damit jedoch kaum Gehör. Die große Mehrheit der Journalisten und Politiker ignorierten sie. Wie ihr wisst, habe auch ich einige Bücher zum Thema Untergangsprognosen geschrieben und kam mir danach vor wie ein Rufer in der Wüste. Gegen den Zeitgeist kommt niemand an. Wer wie ich am nahenden Weltuntergang zweifelt, wird in Deutschland als naiv abgetan. Oder man unterstellt ihm, ein von finsteren Mächten bezahlter Schönredner zu sein. Das war zur Zeit der Waldsterbensangst so und hat sich bis heute nicht geändert. Möglicherweise brauchen Menschen die Angst vorm Weltuntergang als mentalen »Kick«, wenn ihr Leben sicher und der Wohlstand garantiert erscheint. War das ständige »fünf vor zwölf« die Kehrseite des Glücks, im friedlichsten, freiesten, reichsten und sozialsten Deutschland gelebt zu haben, das es je gab? In Ländern mit bitterer Armut und prekären Lebensverhältnissen hat mich nie jemand über das drohende Ende der Welt belehrt.

Euer Papa

30

Religion

Liebe Amelie, lieber Moritz,

ihr seid getauft, hattet Religionsunterricht in der Schule und habt euch beide konfirmieren lassen. Dennoch habe ich nicht den Eindruck, dass ihr religiöse Menschen geworden seid. Aus meiner heutigen Sicht würde ich euch nicht mehr taufen lassen. Damals dachte ich, jedes Kind sollte erstmal das mitbekommen, was in seinem Kulturkreis als Normalität gilt. Das Normale infrage zu stellen oder abzulehnen ist keine Sache für Kinder – das kommt später. Heute ist es keine Norm mehr, getauft zu sein. Meine Begründung von damals ist überholt. Besonders fromm seid ihr nicht geworden. Damit setzt ihr eine Familientradition fort: Ein bisschen kulturell protestantisch, aber nicht wirklich religiös. So empfand ich auch meine Eltern und meine Omas (und die Opas waren auch nicht fromm, wie man mir erzählte).

Stirbt Religion aus? Das könnte man meinen angesichts der leeren Kirchen und der vielen Austritte. Der Glaube an einen Gott oder andere übernatürliche Mächte existiert jedoch auch ohne Institutionen und gedeiht in alten und neuen Formen. Und mit dem Islam breitet sich auch eine der traditionellen Religionen wieder rasant aus.

Mit neun Jahren hörte ich auf, an den lieben Gott zu glauben. Ich war ein grüblerisches Kind und dachte viel über den Tod nach. Ein Leben in einem himmlischen oder höllischen Jenseits erschien mir unplausibel. Dennoch gab es immer wieder Phasen in meinem Leben, in denen ich Menschen um ihre ehrliche Frömmigkeit beneidete und mir wünschte, glauben zu können. Jedoch gelang es mir nie mehr. In meiner Jugend spielte Religion keine Rolle. Die Subkultur, zu der ich gehörte, interessierte sich nicht für metaphysische Fragen. Religiöse Würdenträger waren für uns Witzfiguren, die Kirchen so gestrig wie alpenländische Trachtenvereine.

Dass Religion einmal wieder mit Macht auf die Weltbühne zurückkehren könnte – niemand von uns hätte das erwartet. Doch sie kam. Als 1979 Islamisten im Iran als Sieger aus der Revolution hervorgingen, war das völlig überraschend nicht nur für mich. Ich demonstrierte 1979 gegen das Schah-Regime gemeinsam mit iranischen Freunden, die in Frankfurt studierten. Die jungen intellektuellen Iraner glaubten, dass die islamistische Bewegung nur eine vorübergehende Erscheinung sei und die linken Kräfte die Mullahs schnell beiseitedrängen werden, nachdem der Schah gestürzt ist. So kann man sich täuschen.

Seither sind etliche islamistische Regimes in Afrika und Asien entstanden. Sogar die derzeitige türkische Regierungspartei leitet ihre Politik aus der Religion ab. Und in vielen Ländern Westeuropas sind Muslime längst keine exotische Minderheit mehr, sondern ein Machtfaktor, mit dem Regierungen rechnen müssen. Terror von radikalen Islamisten erschütterte die ganze Welt von Argentinien bis Australien. Zehntausende Menschen verloren dadurch ihr Leben. Kampfverbände wie al-Qaida, Boko Haram oder Islamischer Staat fordern die westlichen Demokratien militärisch heraus. Unser Lachen über Religion ist uns im Halse stecken geblieben.

Immerhin haben wir teilweise recht behalten, was die Macht der Religion in Europa betrifft: Die christlichen Gemeinden schrumpfen immer schneller. Nicht einmal mehr die Hälfte der deutschen Bevölkerung bekennt sich noch zu einer der beiden großen christlichen Kirchen. Selbst in Bayern wird man nun häufiger mit »Servus« begrüßt statt mit dem traditionellen »Grüß Gott«. Im Gegensatz zur Adenauerzeit muss man heute nicht mehr heucheln, christlich zu sein, wenn man es nicht ist. 1960 waren 90 Prozent der Deutschen Mitglieder einer katholischen oder evangelischen Gemeinde. Welchen Einfluss die Bischöfe damals auf die Politik, die Schulen und die Kultur hatten, ist längst vergessen. Insbesondere in Bayern war das Kultusministerium Handlanger katholischer Sittenwächter. Das ist Gott sei dank Geschichte. Spätestens seit bekannt wurde, dass pädophile Priester Tausende Kinder in aller Welt missbrauchten, hat die katholische Kirche abgewirtschaftet. Die evangelische nahm einen anderen Weg und fand eine neue Rolle als Vorfeldorganisation der Grünen. Womit sie allerdings die Massenaustritte nicht bremsen konnte.

Da viele Menschen ein spirituelles Bedürfnis verspüren, blühten andere Glaubensgemeinschaften auf. Allen voran der Islam, dem mittlerweile fast sechs Millionen Menschen in Deutschland anhängen. Während sich die Moscheegemeinden größtenteils aus Eingewanderten rekrutieren, sind die meisten Buddhisten Einheimische. Schätzungsweise an die 300.000 Deutsche verehren den indischen Religionsstifter.

27 Prozent der Befragten erklärten bei einer Eurobarometer-Umfrage 2020, sie hielten die Existenz eines Gottes für ausgeschlossen oder zumindest für nicht bewiesen. Was aber nicht bedeuten muss, dass sie nicht an übernatürliche Mächte glauben. Zwei große Gewinner der Kirchenkrise sind die Esoterik und der Glaube an »Mutter Natur«. Zu Letzterem schreibe ich euch einen gesonderten Brief.

Als während der Covid-19-Pandemie sogenannte Querdenker gegen das Impfen demonstrierten, wurde vielen journalistischen Beobachtern erstmals klar, wie viele Bürger sich von der Aufklärung verabschiedet haben. Dabei hätte man dies lange vorhersehen können. Kommerzialisierte Magie ist ein Milliardengeschäft, dem wir im Alltag ständig begegnen. In jeder Drogerie werden die Produkte der anthroposophischen Firma Weleda angeboten, Supermärkte führen Demeter-Lebensmittel, Apotheken offerieren Globuli und Bachblütentropfen. Die Kinder in Waldorfschulen zu schicken, gilt in der Mittelschicht als schick. Zwar zählt die Anthroposophische Gesellschaft nur 12.400 zahlende Mitglieder, doch es gibt in Deutschland schätzungsweise zwanzigmal so viele anthroposophisch Bekehrte. Die Anhänger Rudolf Steiners bilden somit die fünftgrößte Glaubensgemeinschaft nach dem Islam und dem Buddhismus.

Esoterik ist keine Randerscheinung, sondern gehört zu Deutschland wie Graubrot und »Tatort«. Seit den 1980er-Jahren gibt es in jeder Stadt Geschäfte, die allerlei spirituellen Kitsch verkaufen, von »heilenden Steinen« bis zu »Traumfängern«. Bei Partys im akademischen Milieu begegnet man Leuten, die auf »energetisiertes Wasser« schwören oder berichten, wie sie ihren Hund mit Homöopathie heilten. Mit Hilfe von Stiftungsprofessuren esoterisch gestimmter Millionäre erlangt der Humbug akademische Reputation. An Universitäten in Deutschland, Österreich und der Schweiz werden Homöopathen, Anthroposophen und Anhänger diverser asiatischer Aberglauben auf die Studenten losgelassen. Ganz zu schweigen von den Volkshochschulen, wo Kurse für Feng-Shui, Ätherwissenschaften und Bachblütentherapie gang und gäbe sind. Mittlerweile hat auch die Klima-Bewegung quasireligiöse

Züge angenommen. Die kommende »Erderhitzung« erfüllt die alte Rolle der Hölle, der wir nur entkommen können, wenn wir sündenfrei (frei von Kohlendioxid) leben. Es gibt im Klima-Extremismus reichlich Dogmen, die nicht in Frage gestellt werden dürfen, und heilige Jungfrauen, die der Welt ins Gewissen reden. Aktivisten inszenieren sich selbst als Märtyrer. Sie nennen sich »Letzte Generation«, was an »Heilige der letzten Tage« erinnert, die Selbstbezeichnung der Mormonen.

Auch heute muss die Aufklärung verteidigt werden wie eh und je. Das hätte ich mir in meiner Jugend nicht träumen lassen. Der relative Machtverlust der katholischen Kirche zeigt jedoch, dass die Vernunft nicht auf verlorenem Posten steht. Ihr werdet euch mit neuen Verdunklern des menschlichen Geistes auseinandersetzen müssen.

Euer Papa

31

Reisen

Liebe Amelie, lieber Moritz,

eine der überflüssigen Sorgen, die ich mir als Vater machte, war die, euch die Freude am Erkunden der Welt zu nehmen, zu »spoilern«, wie man heute sagt. Für mich war es ungeheuer wichtig, als Jugendlicher und junger Erwachsener auf eigene Faust in ferne Länder zu reisen. Deshalb nahm ich mir vor, mit euch keine weiten Reisen zu unternehmen, damit ich euch das Erlebnis nicht verderbe, die Welt selbstständig zu entdecken. Wie ihr wisst, bin ich auch darin nicht konsequent geblieben. Zum Glück seid ihr dennoch keine verwöhnten Schnösel geworden, die gelangweilt »kenn' ich schon« sagen, wenn von New York oder Tel Aviv gesprochen wird. Wie wertvoll die Freiheit zu reisen ist, habt ihr dann durch die pandemiebedingten Beschränkungen 2020, 2021 und 2022 ohnehin gespürt.

Die Möglichkeit, bequem und erschwinglich fast überall hin reisen zu können, besteht noch gar nicht sehr lange. Bis 1989 wurden Menschen erschossen, wenn sie versuchten, die DDR in Richtung Westen zu verlassen. Reiselustige Ostdeutsche mussten sich mit dem Ostseestrand oder dem Thüringer Wald begnügen. Nicht einmal für alle »sozialistischen Bruderländer« gab es ohne Weiteres ein Visum. Lediglich für ein paar Privilegierte war die staatlich genehmigte Länder-Auswahl etwas umfangreicher. Erst mit der friedlichen Revolution setzten die DDR-Bürger ihre Reisefreiheit durch. Eine Freiheit, die kaum weniger wichtig ist als die Informations- und Redefreiheit. Auf Reisen begegnet man fremden Räumen, anderen Umgangsformen und Sprachen. Das Gewohnte verliert seine Selbstverständlichkeit. Wenn man zurückkehrt, bekommt man ein Gefühl dafür, wie seltsam die eigene Kultur anderen erscheinen muss. Wer aufmerksam reist und sich auf Fremdes einlassen kann, erweitert seinen Horizont und lernt eine Menge über das viele Gemeinsame und das wenige Trennende aller Menschen. Nicht jeder lernt etwas auf Reisen. Für manche Menschen sind andere Landschaften und Kulturen nichts weiter als wechselnde Hintergründe für die eigene Selbstbespiegelung. Doch der bedauerliche Fakt, dass es auch dumme Reisende gibt, ist kein Argument gegen das Reisen an sich.

Die längste Zeit der Geschichte war Reisen ein soziales Privileg. Die allermeisten Menschen kamen lebenslänglich nicht aus dem Dorf heraus, in das sie geboren worden waren. Man kann die Macht dieses Privilegs noch heute spüren, wenn man in arme Länder reist. Alle wissen, dass der Tourist ein Ticket zurück nach Europa in der Tasche hat, doch die Einheimischen sich dies niemals leisten könnten. Das prägt die Beziehung zwischen Besuchten und Besuchern.

In den entwickelten kapitalistischen Industriestaaten endete die Epoche des sozialen Privilegs in den 1950er-Jahren, als es möglich wurde, mit dem VW-Käfer ans Mittelmeer zu tuckern. 1977 demokratisierte dann der Brite Freddie Laker das bis dahin für die meisten unerschwingliche Fliegen. Er eröffnete die erste Billigfluglinie zwischen London und New York. Genau zum richtigen Zeitpunkt für mich. Von nun an reichte das Geld aus einem studentischen Ferienjob, um bis Amerika zu kommen. Ein Ticket kostete 250 Deutsche Mark. Ich musste mehrere

Tage vor dem Schalter im Victoria Station anstehen und war gezwungen, dort auch zu schlafen, um meinen Platz in der Schlange nicht zu verlieren. Morgens weckten mich freundliche Polizisten, indem sie mir mit dem Schlagstock vorsichtig auf den Kopf tippten. Auf dem Flug verköstigte ich mich mit eigenen Stullen. Doch solche kleinen Unbequemlichkeiten spielten keine Rolle. Es gab eine Welt zu entdecken. Bald fielen die Preise auf breiter Front. Dank billiger staatlicher Fluglinien wie Aeroflot, Egypt Air oder Sudan Air konnten ich und viele meiner Generation Afrika und Asien erkunden.

Es könnte durchaus sein, dass Reisen wieder ein soziales Privileg wird. Im Zuge des Klimaschutzes wird von Politikern gefordert, dass Flugreisen teurer werden sollen. Manche wollen die Zahl der Flugreisen pro Bürger sogar staatlich reglementieren. Dann würde wieder eine Situation wie vor 1977 entstehen: Fliegen nur für Reiche. Das wäre nicht nur schade für euch, sondern besonders für arme Länder, in denen Tourismus ein wichtiger Wirtschaftsfaktor ist. Und denen Einnahmen aus dem Ferntourismus helfen, ihre Naturgebiete und Kulturstätten zu erhalten.

Aber das ist Spekulation. Genauso wahrscheinlich ist es, dass bessere Flugzeuge entwickelt werden, deren Antriebstechnik weniger Kohlendioxid emittiert. Eure und die nachfolgenden Generationen werden sich die Reisefreiheit nicht wieder nehmen lassen.

Euer Papa

32

Sprache

Liebe Amelie, lieber Moritz,

wenn wir uns treffen, habe ich zuweilen Schwierigkeiten, eure Sprache zu verstehen. Das liegt einerseits an den vielen ironischen Anspielungen, die sich auf Streaming-Serien beziehen, dich ich nicht kenne. Aber auch an den zahlreichen Anglizismen, die ihr benutzt. Besonders, wenn es um Sport geht, ist nicht mehr viel übriggeblieben von der deutschen Sprache. Wisst ihr, dass »Surfen« früher »Wellenreiten« hieß? Kürzlich benutzte eine Frau meines Alters das alte Wort »Spicker« für »Darts«. Ich hatte es vollkommen vergessen. Als ich in einer Zeitung über »Meal Prepping« las, brauchte ich einige Sekunden, um zu kapieren, dass damit nichts anderes als »Vorkochen« gemeint war. Sparen heißt jetzt »Cash Stuffing«, lernte ich.

Dabei hatte ich gedacht, dass die Jugendsprache meiner Zeit schon so stark mit englischen Ausdrücken durchmischt war, dass man dies kaum noch steigern könnte. Irrtum. Bereits damals gehörten massenweise englische Versatzstücke zu unserem Alltagswortschatz, was manche Erwachsene furchtbar aufregte. Über Rockmusik, Underground-Literatur oder Drogen sprachen wir in einem Gemisch aus Deutsch, Englisch und amerikanischem Hippie-Slang. Kam das Gespräch auf Politik, wurden möglichst viele Begriffe eingebaut, die man sich bei Adorno oder Marx angestrichen hatte. Dieses Idiom konnten Außenstehende kaum noch als Deutsch erkennen. Heute haben Erwachsene ihre liebe Not, die Anglizismen aus Hip-Hop-Kultur und Gaming zu verstehen. Dass sich Sprache unentwegt verändert, ist eine Binsenweisheit. Dennoch staunt man im Alter, wie wenig von der Sprache der eigenen Kindheit übrigblieb – und wie viel dazugekommen ist.

Jugendsprachen sind nichts Neues und wechseln schnell. Was gestern noch schwer angesagt war, ist heute schon peinlich. Erwachsene, die sich um Jugendsprache bemühen, hinken ihr zumeist hinterher. Solche Versuche kommen bei Jugendlichen nicht gut an. Jede junge Generation und jede Subkultur verabreicht der Sprache eine kleine Frischzellenkur, die sie jung erhält. Modeworte kommen und gehen, Dialekte, Jargons und Fachsprachen hinterlassen Spuren und gehen ins Hochdeutsche ein. Napoleonische Truppen und Hugenotten hinterließen französische Akzente, die US-Soldaten und ihr Radiosender AFN amerikanische. Nicht mal die Nazis schafften es, das Deutsche vom Jiddischen zu reinigen.

Doch nicht nur Minderheiten, Besatzungsarmeen und Jugendliche verändern die Sprache. Die Inflation der Anglizismen wurde aus drei Richtungen angetrieben. Neben dem Jugendjargon trug die Insidersprache der Informatiker und Computer-Nerds eine Menge dazu bei. Am schlimmsten, überflüssigsten und peinlichsten ist jedoch das Denglisch, dem Marketingagenturen und die Führungsetagen der Wirtschaft verfallen sind. In Anspielung auf den Rinderwahnsinn nennen sprachsensible Menschen diese Art zu sprechen BSE: Bad Simple English. Schlichte Gedanken und dürftige Ideen werden dabei durch Versatzstücke aus dem Englischen aufgeblasen. Um Bedeutung zu simulieren, wedelt man unentwegt mit Begriffen wie Mindset, Forecast, Scoring, Benchmarking, Downsizing, Rollout, Asset und Outsourcing.

Die meisten Menschen fühlen sich vom Marketing-Jargon nicht sonderlich gestört, denn die Sprecher bleiben weitgehend unter sich. In der U-Bahn und im Supermarkt begegnet man den Denglisch-Sprechern selten. Häufiger jedoch Jugendlichen mit Migrationshintergrund, wodurch deren Slang für manche zum Ärgernis wurde. Sprachschützer fürchten einen Verfall der deutschen Sprache durch migrantisches Kiezdeutsch. Breiter Gang, Griff in den Schritt und dann dieses Stakkato ohne Artikel und Präpositionen: »Was guckst du« und »ich schwör«. Da schmerzen jedem die Ohren, der schon mal ein deutsches Gedicht gelesen hat. Dennoch wird am Kiezdeutsch der Migrantenjugend das Abendland nicht untergehen, sagen Sprachforscherinnen. Die Kiezsprache der türkisch- und arabischstämmigen Jugendlichen sei kein Zeichen einer sich verfestigenden Parallelgesellschaft, so die Experten. So lange die Jugendlichen die Kiezsprache als Zweitsprache benutzen, bleibt die Tür zur Integration offen. Die, die tatsächlich nicht anders sprechen können, sind eine Minderheit in der Minderheit. Längst haben Kabarettisten, die selbst aus Migrantenfamilien stammen, diese »Kanak Sprak« ironisiert, machen sich lustig darüber und erreichen damit auch die, die in ihrer »Hood« so sprechen.

Sprache kann man nicht sauberhalten wie eine Wohnung. Sprachen verschlingen Wörter, verdauen sie und spucken sie wieder aus, solange sie lebendig sind. Soll ich es bedauern, dass niemand mehr »Backfisch« (junges Mädchen), »Abc-Schütze« (Erstklässler) oder »Wonne« (Lust, Vergnügen) sagt? Worte, die in meiner Kindheit häufig benutzt wurden. »Bandsalat« kennt niemand mehr, weil Tonbänder nicht mehr gebraucht werden, und der »Groschen« ging mit der D-Mark unter. Statt »bummeln« und »gammeln« sagt man nun »chillen«. Es ist sinnlos, Wörtern nachzutrauern. Neue Wörter können starke Aufmerksamkeit auf ein Thema lenken. Als der pseudoenglische Begriff »Mobbing« aufkam, entstand der Eindruck, es würden neuerdings in den Schulen und am Arbeitsplatz mehr Menschen schikaniert und gequält. War grausames Meuteverhalten gegen Außenseiter früher wirklich seltener? Meine Kindheitserinnerungen bestätigen das nicht. Auch »Ghosting«, wie der Abbruch von Freundschaften ohne Begründung jetzt genannt wird, gab es nicht erst, als das Wort erfunden wurde.

Normalerweise wandelt sich die Sprache unbemerkt. Menschliche Bequemlichkeit schleift komplizierte grammatikalische Formen mit der Zeit ab. Wer gern Modewörter benutzt, will modern und weltoffen erscheinen, was wiederum andere zur Nachahmung anregt. Nach einer Weile geht das Moderwort dann in den gängigen Sprachschatz ein.

Anders verhält es sich mit der Sprachreinigung, die von Gender- und Antirassismus-Aktivistinnen und -Aktivisten seit einigen Jahren forciert wird. Sie wünschen sich eine gut gemeinte Wohlfühl-Sprache, die wie Lavendelduft alles Anrüchige überdeckt. Dummerweise riecht die Welt aber nicht nach Lavendel. Der wachsende Einfluss von Sprachzensoren und Diskurswächtern brachte eine dunkle Parallelwelt hervor, in der Häme und Zynismus regieren. Spaßig gemeinte Boshaftigkeiten wurden zum Kult auf millionenfach geklickten Meme-Sites, die besonders bei Jüngeren beliebt sind. So wie die Pornographie als Kehrseite des Puritanismus gedeiht, wirken solche virtuellen Freiräume wie ein Ventil für die heuchlerische Hochmoral der öffentlichen Sprache.

Mich erinnert die verkniffene Wort-Überwachung an Speisekarten, auf denen »Flugente« angeboten wird. Lebend heißen diese Vögel Warzenenten. Da aber ein Tier mit dem Wort Warze im Namen hässliche Assoziationen weckt, mutiert es im Restaurant zur Flugente. Ähnlich verhielt es sich mit den Gaewolf-Pelzmänteln, die man bis 2008 in Deutschland kaufen konnte. Sie bestanden aus Hundefell. Doch die Händler nahmen zu Recht an, dass die Bezeichnung Hundepelzmantel nicht verkaufsfördernd wirkt. Der Versuch, alles Unschöne aus der Sprache zu eliminieren, führt dazu, dass die Realität nicht mehr beschrieben, sondern nur noch umschrieben wird. Was daraus folgt, wusste schon Ferdinand Lassalle, ein Gründervater der SPD: »Alle politische Kleingeisterei besteht im Verschweigen und Bemänteln dessen, was ist.«

Große Buchverlage haben angefangen literarische Werke zu zensieren oder zu verbannen, wenn sie irgendwen verletzen, irritieren oder beleidigen könnten. Während Verlage, Kulturinstitute, Universitäten, Behörden, einige Politiker und Journalisten die neuen Regeln beflissen befolgen, werden sie von der großen Mehrheit der Bevölkerung ignoriert. Ob sie sich durchsetzen werden, ist derzeit noch offen. Historisch betrachtet, waren verordnete Sprechweisen manchmal erfolgreich und manchmal nicht. Die Kirche, die Nazis, die Stalinisten und viele andere haben es versucht, oft vergeblich. Der staatlich verordnete Begriff »Antifaschistischer Schutzwall« hat sich in der DDR-Bevölkerung nie durchgesetzt. Gegen Ende des Staates sagten selbst hohe Parteifunktionäre hin und wieder »Mauer«.

Im 19. Jahrhundert bemühten sich deutsche Nationalisten mit behördlicher Unterstützung, alle aus Frankreich stammenden Begriffe auszumerzen. Auch dies klappte nur teilweise. Zwar sagt man immer noch »Cousine« und nicht »Base«, wie es die damaligen Regeln wollten. Auch der

»Balkon« blieb den Deutschen erhalten. Doch die »Fahrkarte« siegte damals über das »Billet« und das »Abteil« über das »Coupé«.

Durch die Ausdrucksweise von Gender-Eiferern und postkolonialen Aktivisten wird Deutsch voraussichtlich nicht schöner. Doch nicht nur Sprachästhetik geht verloren. Auch Inhalte verschwinden hinter Wortgeklingel. Begriffe, die einmal etwas bedeutet haben, sind zu sinnfreien Marketingfloskeln geworden, was leider auch auf die Politik und die Medien abfärbt. Wer heute eine Tütensuppe verkaufen will, bezeichnet sie als »divers« und »klimafreundlich«. Energiekonzerne nennen ihr Produkt »Naturstrom«. Nach der Devise: Frech behauptet ist halb bewiesen. Die Begriffe »Nachhaltigkeit« und »nachhaltig« haben sich seuchenhaft ausgebreitet und müssen für alles und jedes herhalten. Insbesondere Konzerne und Finanzinstitute liefern sich einen Überbietungswettbewerb in Nachhaltigkeit. Der Begriff war nie exakt definiert, doch mittlerweile bedeutet er gar nichts mehr.

Sprachen können auch sterben. Laut UNESCO wird von den zirka 6.500 Sprachen der Welt die Hälfte schon bald tot sein. Keiner mag sie mehr benutzen, da die Menschen andere Sprachen attraktiver finden. Es ist ein Verlust und zugleich ein evolutionärer Prozess, aus dem auch immer wieder Neues entsteht: zum Beispiel Kiezdeutsch. Das Deutsche wird auch das Kiezdeutsch überleben und sich vermutlich ein paar Souvenirs davon aufheben.

Wie sich Deutsch für Nicht-Deutsche anhört, wurde mir bewusst, als ich zum ersten Mal Charlie Chaplins »Der große Diktator« sah. Die Hynkel-Rede, die abgesehen von »Sauerkraut« und »Wienerschnitzel« nur aus pseudodeutschen Fantasiewörtern besteht, vermittelt ein Gefühl dafür, wie sich die eigene Sprache in französischen oder polnischen Ohren anhört. Trotz der für andere ungewohnt harten Artikulation gingen deutsche Wörter in fast alle Sprachen der Welt ein und etablierten sich dort genauso wie das Denglische bei uns. Die Russen kennen den »Büstenhalter« (Aussprache: Bjustgalter), die Norweger den »Besserwisser« und die Briten den »Weltschmerz«. Deutsche Wörter aus Technik, Küche und Kultur sind im Ausland besonders beliebt. Am weitesten verbreitet sind jedoch Begriffe aus der Chemie, allen voran das kurze deutsche Wort für Kalziumsulfat: Gips. Amerikanische Studenten finden es »über« (in der Bedeutung von »super«), im Gespräch ein paar deutsche Brocken einzustreuen. Es sind also nicht nur wir Deutschen, die ständig englische Vokabeln aufsaugen, sondern es gibt auch eine Wortwanderung von hier nach dort. Der Prozess ist keine Einbahnstraße. Wir keepen cool.

Euer Papa

33

Natur

Liebe Amelie, lieber Moritz,

Freude an der Natur habt ihr von beiden Eltern mitbekommen. Erlebnisse auf Wanderungen oder Kanutouren gehören zu den schönsten Erinnerungen, die ich an eure Kindheit habe. Ein fast traumhaftes Bild hat sich mir eingeprägt: Mitten im Wald flattert ein Zitronenfalter zielgenau auf Amelies ausgestreckten Finger und lässt sich darauf nieder. Es macht mich glücklich, dass ihr auch als Erwachsene die Natur genießen könnt und Freude am Erkunden von Pflanzen, Tieren und Landschaften habt. Allerdings war die heute so beliebte Mystifizierung der Natur nie unser Ding. Sie wurde für uns keine Ersatzreligion.

Technikbegeisterung prägte meine Welt als Kind. Jungs spielten Autoquartett, begeisterten sich für Astronauten und konstruierten mit Stabil-Baukästen kleine Maschinen. Dass mich Technik nicht sonderlich interessierte und ich die Frösche, Molche, Blindschleichen und Eidechsen am Weiher nahe der Volksschule interessanter fand, war damals untypisch für kleine Jungs. In den Reklamespots des Fernsehens versicherten Herren in weißen Kitteln, dass in den angepriesenen Waren für Küche, Bad und Haushalt die neuesten technischen Errungenschaften aus amerikanischen Laboren steckten. Die Menschen betrachteten den technischen Fortschritt als etwas Wunderbares und genossen die ungewohnten Annehmlichkeiten. Neue vorverarbeitete Speisen und Getränke, die die Lebensmittelindustrie anbot, nahmen sie mit Begeisterung auf. Die Natur wurde zwar romantisch verklärt, aber gehörte irgendwie zum Gestern. Zu einer Welt, in der nur noch Förster und kauzige Wanderer in Kniebundhosen zu Hause waren.

Im letzten Viertel des 20. Jahrhunderts drehte sich der Wind. Eine Welle zivilisationskritischer Bücher, Artikel und Filme kühlte die Technikeuphorie der Nachkriegszeit ab. Düstere Prognosen der Endzeit-Literatur wurde von einigen katastrophalen Industriehavarien scheinbar bestätigt. Die Natur erwuchs zum Gegenbild der nun bedrohlich wirkenden technischen Zivilisation, der man mehr und mehr misstraute. Was man gestern noch als reaktionäre Waldromantik belächelt hatte, wurde nun mit utopischen Sehnsüchten aufgeladen.

Der Aufstieg der Natur zur moralischen Instanz folgte auf den Niedergang der christlichen Religion. Die traditionelle Bindung an Protestantismus oder Katholizismus ließ in weiten Teilen der Bevölkerung nach. Der Anteil der Kirchenmitglieder an der Gesamtbevölkerung lag in den 1960er-Jahren noch bei über 90 Prozent, in den 2020er-Jahren unter 50 Prozent. Parallel dazu erodierte auch die sozialistische Weltanschauung, die zuvor vielen religionskritischen Menschen Orientierung und geistiges Fundament geboten hatte.

Das menschliche Bedürfnis nach Seelenheil suchte sich neue Wege. Die überlieferten religiösen Muster erfuhren eine Bedeutungsverschiebung, blieben jedoch in ihrer Symbolkraft bestehen. Die Natur ist gut, der Mensch ist schlecht. Das »Natürliche« ist rein und unverdorben, das Menschengemachte sündhaft und schmutzig. Es entstand ein neuer moralischen Deutungsrahmen. Während es mittlerweile gestrig klingt, wenn sich jemand in seiner Argumentation auf Gott oder Marx beruft, so ist der Verweis auf die Natur allgemein akzeptiert und populär. Wer etwas herabsetzen möchte, stellt es als »unnatürlich« oder »gegen die Natur« dar. Das Gute dagegen sei »im Einklang mit der Natur«.

Obwohl – oder weil? – ich mich für die Natur begeisterte, war ich immer skeptisch gegenüber ihrer Idealisierung. Wer sich mit Ökologie und Verhaltensforschung näher befasst, lernt schnell, dass es unsinnig ist, Tieren Moral anzudichten. Die Einteilung in gute pflanzliche Stoffe und böse chemische Substanzen ist ebenso Humbug wie die Mystifizierung von Bäumen oder »der Erde«. Doch der Zeitgeist ging in die andere Richtung. Nahrungsmittel, Medizin, Reisen, Kleidung und zahlreiche andere Produkte und Dienstleistungen werden seit Langem mit dem Verkaufsargument angepriesen, sie seien besonders »natürlich«. Als »natürlich« deklarierte Lebensmittel gelten automatisch als gesund, »Naturmedizin« als gut verträglich und nebenwirkungsfrei. Ein Haus aus Naturmaterialien ist ein besseres Haus und gilt selbstredend als umweltfreundlich. Der Apfelsaft ist »naturtrüb« und der Strom aus Windkraftanlagen wird als »Naturstrom« vermarktet. Die Vorstellung von Natur als normsetzende Instanz ist in deutschen Schul- und Kinderbüchern, auf YouTube und in Vorabendserien, in staatlichen Museen und Parteiprogrammen längst etabliert.

Sogar die Kirchen ziehen zuweilen den Naturbezug dem Gottesbezug vor. Ein überraschendes Beispiel dafür ereignete sich bereits 1968. Damals veröffentlichte Papst Pius VI. seine Enzyklika »Humana Vitae,« die als »Pillen-Enzyklika« bis heute berühmt ist. Er verurteilte die Empfängnisverhütung und bezog sich dabei ausdrücklich auf die Natur. Das »gesamte Sittengesetz«, heißt es darin, spreche gegen Familienplanung. Dieses ungeschriebene Gesetz sei

»natürlich«. Bei einem Papst könnte man annehmen, dass er das »Sittengesetz« für »göttlich« erklärt, statt für »natürlich«. Aber das ist für viele Menschen schon fast das Gleiche. Selbst Naturkatastrophen werden nicht mehr der Natur angelastet, sondern gelten als Folgen menschlichen Frevels. Früher wurden solche Ereignisse als Strafe Gottes betrachtet. Heute heißt es, sie seien, »die Rache der Natur«. Ganz im biblischen Sinne bestraft Mutter Natur den Menschen für seine Hybris. Dieses Muster zeigt sich mit steter Regelmäßigkeit, wenn Stürme oder Überschwemmungen reflexhaft mit der menschengemachten Klimaerwärmung erklärt werden. Selbst dann, wenn historische Daten über solche Unwetter gar keine Verschlimmerung belegen und ähnliche Ereignisse aus der Vergangenheit gut dokumentiert sind.

Es gibt jedoch Bereiche, in denen genau das Gegenteil passierte: eine Abkehr vom Glauben an die Natur. In der akademischen Welt und in der gebildeten Mittelschicht begann diese erstaunliche Wendung im Laufe der 1990er-Jahre und breitete sich in den 2010er-Jahren immer weiter aus: die Vorstellung, es gäbe keine biologischen Geschlechtsunterschiede. Die meiste Zeit meines Lebens war es völlig selbstverständlich, dass es Frauen und Männer gibt und sich die beiden Geschlechter anatomisch und biologisch unterscheiden. Ihr erlebt eine Zeit, in der das massiv angezweifelt wird und einflussreiche Gruppen in den Geisteswissenschaften, im Kulturbetrieb, den Medien und der Politik die Überzeugung vertreten, alle Geschlechtsunterschiede seien soziale und kulturelle Konstrukte. Ein freier Mensch könne darüber bestimmen, ob er Frau oder Mann sein will oder keines von beidem. Ich weiß nicht, ob das eine vorübergehende akademische Mode ist oder eine Sichtweise, die sich auf längere Zeit durchsetzt. Jedenfalls ist es eine auffallende Gegenströmung in der allgemeinen Naturbegeisterung.

Und es gibt noch eine zweite, welche seltener diskutiert wird: der Veganismus. Im Gegensatz zu den Anhängern der Bio-Kost und dem großen Trend zu vermeintlich natürlichen Nahrungsmitteln bevorzugen Veganer artifizielle Kost, die mit hohem technischem Aufwand und unter Zuhilfenahme raffinierter Verarbeitungsmethoden hergestellt wird. Sie tun dies aus dem einfachen Grund, dass es unmöglich ist, mit einer veganen Diät aus unveränderten Pflanzen gesund zu bleiben. Vielleicht sind Gendertheorie und Veganismus Vorboten eines neuen Zeitgeistes, der wieder das Künstliche gegenüber dem Natürlichen bevorzugt.

Ist es schlecht, dass das Christentum und das Leitbild des Sozialismus von »Mutter Natur« verdrängt wurden? Ich weiß es nicht. Auch der religiöse und der politische Glaube waren dehnbar und konnten auf vielerlei Weise interpretiert werden. In der Unschärfe des Naturbegriffs machen es sich viele geistig gemütlich: Der Nazi, der seinen Hass auf vermeintlich Minderwertige mit Vulgärdarwinismus begründet. Die Esoterikerin, die mit Bäumen spricht. Der grüne Aktivist, der sich eine saubere Umwelt wünscht. Das Problem beim Glauben an die Natur ist vielleicht, dass die Gläubigen ihn nicht als Glauben wahrnehmen. Sondern meinen, sich an naturgesetzliche Tatsachen zu halten. Aber das dachten die Kommunisten auch.

Euer Papa

34

Tiere

Liebe Amelie, lieber Moritz,

Tiere spielten in unserer Familie eine große Rolle. Allen voran Hummel, unsere Hündin. Aber auch Hamster, Igel, Frösche, Fische, ein zugeflogener Nymphensittich und anderes Getier, mit dem wir eine Weile die Wohnung teilten. Bei unserem Freund Jan bestaunten wir ausgefallene »Haustiere« wie Raben, Füchse, Marder, ein Wildschwein und Flughunde. Auf unseren Reisen zählten Beobachtungen wilder Tiere oder Besuche in Zoos und Naturkundemuseen zu den Höhepunkten. Ihr mochtet die Tierfilme und Naturgeschichten, die ich mitbrachte, wenn ich beruflich unterwegs war. So hatte ich das Glück, meine Begeisterung für die Tierwelt in meinem Beruf ausleben und obendrein mit meinen Kindern teilen zu können.

Tierbücher meiner Kindheit würden heutige Eltern schockieren. Das Nashorn war darin heimtückisch, der Leopard blutdürstig, die Hyäne hässlich und feige und der Wolf böse. Wale waren tumbe Ungetüme und Harpuniere Helden. Natürlich gab es auch Bücher und Kinderfilme, in denen Tiere – meist Hunde oder Pferde – als Freunde und treue Begleiter dargestellt wurden. Der Disney-Klassiker »Bambi«, ein Film, in dem die Tiere gut und die Jäger böse sind, war in meinem Geburtsjahr bereits 14 Jahre alt. Das Buch von Felix Salten, auf dem er basierte, noch viel älter. Mitgefühl mit Tieren war jedoch noch längst nicht Mainstream. Die Vorstellung, dass wilde Tiere eine Bedrohung sind, und – Gott sei Dank – mutige Männer uns vor ihnen schützen, war immer noch weit verbreitet. Die Lebensumstände von Stalltieren interessierten niemanden. Gedanken über Tierschutz machte sich nur eine kleine Minderheit.

Ich hätte als Jugendlicher nicht geglaubt, dass ich einmal die Rückkehr der Wölfe erleben werde. Wölfe – da dachte man an Grimms Märchen und längst vergangene Zeiten. Die Wiederkehr potenziell gefährlicher Wildtiere schien mit der Moderne und dem Fortschritt unvereinbar. 2020 führte das Institut für Demoskopie Allensbach eine repräsentative Umfrage durch. Es wurde gefragt, was die Deutschen von der Rückkehr der Wölfe hielten. Weniger als ein Viertel der Befragten waren der Ansicht, Wölfe sollten an ihrer neuerlichen Ausbreitung gehindert werden. Die große Mehrheit fand es gut, dass die hierzulande einst ausgerotteten Raubtiere zurückkehren. Vermutlich wäre in den 1950er-Jahren nicht einmal ein Viertel dafür gewesen.

»Die Maschine ist kein Gegensatz zur Erde«, schrieb Leo Trotzki 1923. »Es werden bleiben Dickicht und Waldungen und Auerhähne und Tiger, aber dort, wo ihnen der Mensch den Platz zugewiesen haben wird.« Die Rückkehr der einst in Deutschland ausgerotteten Wölfe und anderer Großtiere bestätigt seine damals ziemlich gewagte These. Der Gedanke, dass es ein friedliches Nebeneinander von technischer Zivilisation, Natur und Wildtieren geben könne, klang für die meisten Menschen vollkommen utopisch. Heute werden Wildtiere, auch potenziell gefährliche, kaum mehr als Bedrohung wahrgenommen, sondern als Teil einer empfindlichen Natur, die erhalten und geschützt werden sollte. Das ist eine radikal neue Sichtweise. Bis weit ins 20. Jahrhundert hinein wurden Wölfe, Luchse, Bären und viele andere europäische Wildtiere als Schädlinge verfolgt. Man wollte sie komplett ausrotten, was in einigen Ländern ja auch gelang.

Dann kündigte sich Mitte der 1950er-Jahre ein Paradigmenwechsel an. Wissenschaftler begannen Alarm zu schlagen in Sorge über das rasante Zurückdrängen der Wildnis, nicht nur in den entwickelten Staaten Europas und Nordamerikas, sondern zunehmend auch in den Ländern Asiens und Afrikas, die sich gerade aus kolonialer Fremdherrschaft befreiten. Ein Zeichen dieses Wandels war die Oscar-Verleihung 1960 an den deutschen Dokumentarfilm »Serengeti darf nicht sterben«. Dieser flammende Aufruf zum Schutz der afrikanischen Tierwelt wurde ein internationaler Kassenschlager.

Je mehr Menschen in den Industriestaaten fern von landwirtschaftlichen Nutztieren oder gar Wildtieren lebten, desto stärker wurde ihr Interesse an Tieren. Tiergeschichten lagen in den Schaufenstern der Buchläden. Illustrierte Magazine bedienten den Zeitgeschmack ebenso wie Filme über »Die letzten Paradiese« (so der Titel eines erfolgreichen Naturfilms der 1960er-Jahre). Städter strömten in die zoologischen Gärten. Die ersten Touristen unternahmen Flugreisen, um in fernen Ländern wilde Tiere zu sehen, was zunächst noch den Reichen vorbehalten war. Zuvor waren Europäer und Nordamerikaner lediglich als Großwildjäger nach Kenia oder Indien gereist.

Zeitlebens habe ich mich mit Zoos befasst, recherchierte und schrieb über den Wandel der Zielsetzungen, der Architektur und der Tierhaltung. Dabei habe ich mich oft gefragt, warum es in meiner Kindheit keine Missbilligung der Zootierhaltung gab. Bereits in der Volksschule hatte ich eine Tierschutzzeitschrift abonniert und schaute begeistert jede Tiersendung im Fernsehen an. Dass an Zoos etwas falsch sein könnte, war dort nie ein Thema. Sieht man sich die Welle der Kritik an, die seit den 1980er-Jahren in zahlreichen Artikeln, Büchern und Filmen an Zoos geübt wurde, verwundert das. Denn in meiner Kindheit wurden die Tiere oftmals einzeln in engen Käfigen mit nackten Beton- oder Kachelwänden gehalten. Niemand nahm Anstoß daran. Die Vermutung liegt nahe, dass dies an den damaligen Lebensumständen der Menschen lag, die den Mangel der Kriegs- und Nachkriegsjahre noch nicht vergessen hatten. Ein Tier, das in einer wettergeschützten Unterkunft lebte, genug Futter hatte und bei Krankheit von einem Tierarzt betreut wurde, schien aus damaliger Sicht ein gutes Leben zu genießen. Eine Anti-Zoo-Stimmung kam erst auf, als gegen Ende des 20. Jahrhunderts vieles verbessert und neugestaltet wurde. Weitläufige Gehege, gebaut nach den Erkenntnissen der Verhaltensforschung, ersetzten enge Käfige. Doch nun sahen immer mehr Menschen in den Zootieren leidende Gefangene.

Sozialwissenschaftliche Forschungen belegen, dass mit zunehmendem Wohlstand und wachsender Urbanisierung Menschen anfangen, Tiere als gleichberechtigte Wesen zu betrachten, mit denen man friedlich zusammenleben sollte. Die Veränderung der Lebenswelten in den entwickelten Industrieländern und die damit verbundene Wertschätzung der Tiere führte zu einem vollständigen Perspektivwechsel in den Erzählungen der Populärkultur. Die Zeit des technischen Machbarkeitsglaubens war vorbei. Die Überzeugung, dass alles möglich sei und alles immer besser würde, verblasste. Statt Mondreisen, Atomenergie und Überschallflugzeugen standen Umweltverschmutzung und Naturausbeutung im Mittelpunkt des Publikumsinteresses. Der Mensch wurden nun häufig als »Krebserkrankung des Planeten« dargestellt. Die Tierwelt dagegen erschien als eine ideale Gegenwelt des Friedens und der Harmonie.

Tiergeschichten sind seither fester Bestandteil der Populärkultur und der Massenmedien, nicht nur in Form von Naturdokumentationen, sondern auch in der Unterhaltungsindustrie. In erfolgreichen Spielfilmen und TV-Serien werden Delfine, Bären oder Eulen als Wesen mit menschlichem Verstand und humanen Gefühlen dargestellt. Tiere sind die besseren Menschen, lautet die Botschaft. Durch den Umgang mit Tieren erhoffen sich manche seelisches Wachstum. In einer Reportage der Zeitschrift *Brigitte* wurde die Protagonistin mit den Worten zitiert: »Das Schöne ist für mich, nicht mit den Augen eines Menschen zu schauen, sondern mit denen eines Delfins. Man kann das Menschsein perspektivisch beiseite lassen. Das ist für mich ein großes Glück.« Die Frau, die das sagte, gab ihr Leben in Düsseldorf auf und zog nach Irland, um dort mit Delfinen zu schwimmen. Es muss nicht gleich der Atlantik sein, mache finden ihre Tiertherapie ganz in der Nähe. In der evangelischen Zeitschrift *Chrismon* kamen Menschen zu Wort, die es sich zur Aufgabe gemacht haben, kranke Legehennen gesundzupflegen. »Man fühlt sich geehrt als Mensch, wenn ein Huhn Kontakt zu einem aufnimmt«, erklärte eine der Tierretterinnen. »Ich frage mich, ob meine Hühner auch von mir träumen«, stand auf dem T-Shirt einer anderen.

Das Aussterben von Arten wird nicht mehr als unvermeidlicher Kollateralschaden des Fortschritts hingenommen oder gar gezielt angestrebt. Gewalt gegen Tiere ist längst keine Lappalie mehr. Heute ist es unvorstellbar, dass der sympathische Held einer Kindergeschichte Tiere tötet. 1974 störte sich niemand daran, dass in dem jahrzehntelang im Fernsehen erfolgreichen tschechischen Kinderfilm »Drei Haselnüsse für Aschenbrödel« der gute Prinz einen Fuchs totschießt, dessen Todeskampf sogar einen Moment lang zu sehen ist. 1972 zeigte das beliebte Kinderprogramm »Sendung mit der Maus« das Schlachten und Verarbeiten einer Kuh. Heute wäre das nicht mehr möglich.

Kennzeichnend für den fundamentalen gesellschaftlichen Wandel der Sichtweise auf Tiere ist der Aufstieg der Tierrechtsbewegung, der in den 1980er-Jahren begann. Die traditionellen Tierschutzvereine setzten sich gegen Tierquälerei und für eine gute Behandlung von Tieren ein. Tierrechtlern geht dies nicht weit genug. Sie kämpfen gegen jegliche Nutzung von Tieren und tierischen Produkten bis hin zum Verzicht auf Honig. Jäger und Metzger stehen für Tierrechtler moralisch auf einer Stufe mit Mördern, Fleischesser mit Kannibalen. Der von ihnen geforderten veganen Ernährungsweise schlossen sich im Laufe der Jahrzehnte Tausende Menschen an. Obwohl sie immer noch eine kleine Minderheit sind, haben die Tierrechtsaktivisten erfolgreich die Aufmerksamkeit der Öffentlichkeit auf sich gelenkt und die traditionellen Tierschützer in den Schatten gestellt. Ihre Moral, die beispielsweise das Leben von Tieren über das von schwerbehinderten Menschen stellt, wird in den Medien selten hinterfragt. Ihr habt als Jugendliche mitbekommen, wie ich von Tierrechtlern angefeindet wurde, weil ich die Gleichstellung von Menschen und Tieren für einen Irrweg halte. Eine Zeitlang war es richtig bedrohlich, bis hin zu nächtlichen Anrufen und Morddrohungen. Zum Glück hat das nach ein paar Jahren wieder nachgelassen.

Bei aller übertriebenen Tierliebe und Tierrechtsfanatismus: Dass Tiere nicht mehr als leblose Sachen betrachtet werden, dass es nicht mehr selbstverständlich ist, über sie willkürlich zu verfügen, und dass der Erhalt von Tierarten ein anerkanntes politisches Ziel geworden ist – all dies sind erfreuliche Fortschritte. Ob die zukünftigen Menschen jegliche Nutzung prinzipiell verdammen werden oder sich eine moderatere Haltung durchsetzt, scheint mir momentan offen. Vieles wird sich daran entscheiden, ob ein schmackhafter Ersatz für Fleisch entwickelt wird und die Menschen diesen akzeptieren.

Euer Papa

35

Habe ich in zwei Jahrhunderten etwas gelernt?

Liebe Amelie, lieber Moritz,

oftmals denke ich, wie es wäre, mir selbst im Alter von 20 Jahren zu begegnen. Vermutlich fände ich den orientierungslosen Quatschkopf mit Rebellenattitüde nicht sonderlich sympathisch und ein wenig lächerlich. Andererseits frage ich mich, ob man wirklich klüger wird im Alter. Ich kenne etliche Leute, die jenseits der 60 nicht von Weisheit ergriffen wurden, sondern plötzlich einen verbitterten und selbstgerechten Altersradikalismus entwickelten. Wie die meisten Alten bilde ich mir ein, ein paar Dinge gelernt zu haben durch meine Erfahrungen in der zweiten Hälfte des 20. und dem ersten Viertel des 21. Jahrhunderts. Ihr werdet andere Erfahrungen machen und andere Lektionen lernen. Aber vielleicht auch ein paar ähnliche.

Begegnungen mit vielen verschiedenen Menschen lehrten mich, dass Identität überschätzt wird. Jeder kann sich selbst befreien von den Beschränkungen seiner Familie, seiner Nation, von religiösen Traditionen und offiziellen Ideologien. Natürlich nur, wenn er nicht unter den Stiefeln brutaler Machthaber leben muss und nicht so arm ist, dass der tägliche Lebenskampf ihm alle Kraft raubt. Identität ist eine Entscheidung, kein Schicksal. Dennoch glaube ich, dass es so etwas wie ein geistiges Erbe gibt, eine Verbindung zwischen Generationen, die weit zurückgehen kann. Manche Historiker behaupten, dass nicht nur die beiden

Weltkriege des 20. Jahrhunderts im kollektiven Unterbewussten der Deutschen spuken, sondern auch noch immer die Schrecken des Dreißigjährigen Krieges. Mag sein, oder auch nicht. Aus der Biologie und Psychologie gibt es jedenfalls Hinweise darauf, dass Eltern nicht nur Körpermerkmale, Talente oder die Disposition zu bestimmten Krankheiten vererben. Auch Ängste und Traumata werden weitergegeben. Selbst dann, wenn darüber nie gesprochen wird. Für mich kann ich sagen, dass geschichtliche und familiäre Ereignisse, die lange vor meiner Geburt stattfanden, mein Leben und mein Verhältnis zur Welt erheblich prägten. Vielleicht helfen euch eines Tages diese Briefe zu erkennen, welche geistigen Einflüsse ihr unbewusst geerbt habt.

Eine andere Erkenntnis, die mir im Laufe des Lebens zuteil wurde, brachte mich dazu, euch diese Briefe zu schreiben: Nichts ist schwerer zu beurteilen als die Gegenwart. Meist ermöglicht erst die Rückschau, einen Zeitabschnitt zu verstehen. Mit den Briefen möchte ich euch eine Rückschau aus zweiter Hand übergeben, die euch vielleicht hilft, den heutigen Zeitgeist etwas distanzierter und kritischer zu betrachten. Manches, was einmal als besonders bedeutend wahrgenommen wurde, geriet bereits wenige Jahre später in Vergessenheit. Auch die großen Themen von heute, an denen sich nach Meinung von Experten die Zukunft entscheidet, könnten schon morgen Schnee von gestern sein. Mitte der 1980er-Jahre waren für die westdeutschen Massenmedien und die meisten Bürger das Waldsterben und der Atomunfall von Tschernobyl alles beherrschende Themen. Dass unterdessen die DDR zerfiel und sich dort eine Revolution anbahnte, bemerkten nur wenige.

Über besonders üble Missstände wird oftmals gar nicht gesprochen. Jeder kennt solche »weißen Flecken« in der zwischenmenschlichen Kommunikation. Menschen schweigen über ihre peinlichen Seiten und überspielen sie. In öffentlichen Diskursen ist es ähnlich. Blättert man durch Zeitungen der 1950er- und frühen 1960er-Jahre, tauchen die Themen »Diskriminierung von Frauen« und »Umweltverschmutzung« selten auf. Das Wort »Umweltverschmutzung« existierte nicht einmal. Rückwirkend betrachtet wissen wir, Frauen wurden damals massiv diskriminiert – sogar gesetzlich. Luft und Gewässer waren durch Autos und Industrie extrem belastet, die Entsorgung von giftigem Müll und Abwässern wurde kaum kontrolliert. Für die folgenden Jahrzehnte lassen sich ähnliche Beispiele finden für aus heutiger Sicht brisante Entwicklungen, die lange Zeit kaum wahrgenommen wurden. Beispielsweise die Ausbreitung des Islamismus, die die westliche Öffentlichkeit erst mit jahrzehntelanger Verspätung realisierte. Historischer Wandel wird oftmals von der Tagesaktualität überdeckt.

Es gibt noch einen weiteren Grund dafür, warum üble Zustände und manchmal sogar schreiendes Unrecht von Zeitgenossen nicht wahrgenommen werden. Solange sie allgegenwärtig sind, hält man sie für normal und denkt, so ist eben die Welt. Auch hierfür sind die Unterdrückung der Frauen und die Umweltverschmutzung deutliche Beispiele. Als Frauen allgemein wie unmündige, schutzbedürftige Mängelwesen betrachtet wurden (übrigens nicht nur von Männern, sondern auch von Frauen), stellten nur wenige kluge Menschen dies in Frage. Erst als ihre Emanzipation schon Erfolge erzielt hatte, empfand es die Mehrheit plötzlich als skandalös, dass die Gleichberechtigung noch nicht vollendet war. Die Epoche der schlimmsten Umweltverschmutzung waren nicht die 1980er-Jahre. Als damals das Thema Umweltschutz immer populärer wurde und die

Menschen anfingen, die Abgase in der Luft, die Abwässer in den Flüssen, die Müllberge und die Naturzerstörung schrecklich zu finden, war der Gipfel bereits überschritten. Erste Umweltgesetze hatten für Verbesserungen gesorgt. In den Jahrzehnten davor, als die Umwelt wesentlich schmutziger war, kritisierten das nur sehr wenige, und die wurden nicht gehört. Denn die Mehrheit dachte, dass der Rauch aus Fabrikschloten und Auspuffen ganz normal sei und untrennbar zum wirtschaftlichen Wohlstand gehört.

Die Aufreger des Augenblicks werden auch deshalb überschätzt, weil viele Menschen ein kurzes Gedächtnis haben. Von dem Demoskopen Thomas Petersen stammt der Satz: »›Noch nie dagewesen‹ ist Journalistendeutsch für ›in den letzten zwei Jahren nicht vorgekommen‹.« Naturkatastrophen, Verbrechen, Lebensmittelskandale, Wetterkapriolen und andere Tagesereignisse werden immer wieder als beispiellos wahrgenommen, obwohl sie es keinesfalls sind. Der Blick zurück relativiert vieles. Man muss deshalb kein Stoiker werden, der gelangweilt auf die Welt schaut und alles Neue mit »kenn' ich schon« kommentiert. Aber man kann sich manchen Hype und manche Panikwelle ersparen.

Die Übermacht des Zeitgeistes führt zuweilen dazu, dass die Mehrheit sich nur noch auf ein einziges Thema fokussiert. Alles andere wird an den Rand gedrängt und kaum noch wahrgenommen. Es gehört zur Machtstrategie von Diktaturen, solche geistigen Leitplanken vorzugeben. Der Nationalsozialismus erklärte alles zur »Rassenfrage«, und in der DDR war der »Klassenstandpunkt« die einzig erwünschte Perspektive. Im heutigen Deutschland erstaunt es mich, wie die Fixierung auf eine gefürchtete Klimakatastrophe dazu führt, dass plötzlich andere wichtige Themen wie etwa Umwelt- und Naturzerstörung ausgeblendet werden, die noch vor wenigen Jahren Empörung ausgelöst hätten. Die Bebauung weiter Flächen mit Windkraft- und Solaranlagen ist die größte Veränderung der Landschaft seit der Flurbereinigung in den 1960er- und 1970er-Jahren, mit erheblichen ökologischen Folgen. Und dies ist nur ein Beispiel unter vielen. Die Rohstoffbeschaffung für die Energiewende zerstört noch viel mehr. Ganz zu schweigen von den Kosten für die Menschen in Deutschland. Doch die Klima-Angst beherrscht den Zeitgeist – alles andere wurde nebensächlich.

Veränderungen geschehen oftmals dort, wo man sie am wenigsten erwartet, und in Richtungen, die niemand auf dem Zettel hatte. In meinem Leben kam fast alles anders als vorhergesagt. So lernte ich Prognosen nicht sonderlich ernst zu nehmen. Meistens kommt es sowieso nicht so. Auf den Zusammenbruch des Kommunismus hätte niemand gewettet. Die Sowjetunion schien so unveränderlich wie Frost in Sibirien. Hätte man mich als Jugendlichen in den 1970er-Jahren gefragt, was im 21. Jahrhundert die Welt erschüttern werde, »Religion« und »Nationalismus« wären mir nicht eingefallen. Das waren – so dachten viele meiner Generation – Gespenster von gestern, die nur noch folkloristische Bedeutung hatten.

Doch zu Beginn des 21. Jahrhunderts spielten Religion und Nationalismus wieder Hauptrollen auf der Weltbühne. Die großen Wendepunkte sah fast niemand voraus. Der Fall der Berliner Mauer kam so überraschend, dass noch am Tag zuvor keiner damit gerechnet hatte. Gleiches gilt für die Flugzeugattentate vom 11. September 2001. Selbst Terrorexperten hielten es für unmöglich, dass so etwas geschehen könne. Bevor der Serbisch-Kroatische-Krieg 1991 begann (auf den drei weitere Balkankriege folgten), glaubte ich wie die meisten Europäer, es würde nie wieder

Kriege in Europa geben. Während ich diese Zeilen schreibe, führt Russlands Autokrat Putin einen Krieg gegen die Ukraine. Wieder sind viele erstaunt, wie so etwas möglich ist. Hätte ich 2019 vorhergesagt, dass eine Seuche das öffentliche Leben weltweit stilllegen werde, und hätte ich 2021 behauptet, dass Deutschland demnächst die Ukraine im Kampf gegen eine russische Invasion mit Waffen unterstützt – ich wäre als bedauernswerter Spinner belächelt worden. Auf dem Weltwirtschaftsforum in Davos im Januar 2022 wurden die Teilnehmer nach dem größten globalen Risiko gefragt. Sie entschieden sich für »Versagen beim Klimaschutz«. Vier Wochen später ließ Putin Kiew bombardieren.

Doch nicht nur solche krassen historischen Ereignisse warfen die Zukunftsszenarien der Experten über den Haufen. Die meisten großen Veränderungen begannen in aller Stille. Kein Parteitag hatte sie beschlossen, keine Regierung verordnet, kein Meisterdenker theoretisch entwickelt. Niemand ahnte, wie grundlegend sie das Leben der Menschen wandeln werden. Der Erfindergeist von Ingenieuren, Chemikern, Agrarwissenschaftlern und Medizinern veränderte die Welt. Ohne Flugreisen, Kunstdünger oder Internet sähe sie heute völlig anders aus. Aber auch Millionen kleine – vermeintlich private – Entscheidungen von ganz normalen Menschen wirkten wie eine globale Revolution. Zum Beispiel die Entscheidung von Frauen in aller Welt, nur ein oder zwei Kinder zu bekommen.

Zweifel an der langfristigen Haltbarkeit zeitgeistiger Obsessionen sollten jedoch nicht dazu führen, grundsätzlich das Gegenteil des politischen Zeitgeschmacks für richtig zu halten. Manche Kritiker tappen in diese Falle nach dem Motto von Groucho Marx: »Was immer es ist, ich bin dagegen.« Niemand weiß wirklich, ob die apokalyptischen Klimaszenarien der »Letzten Generation« nicht eines Tages eintreten. Dass alle Endzeitprognosen meiner Lebzeiten nicht eingetroffen sind, ist ja kein Beweis dafür, dass der aktuell angesagte Weltuntergang ebenfalls ausfällt. Es ist immer gut, eigene Trugschlüsse einzukalkulieren.

Gibt es hinter den Wirrnissen der Gegenwart eine historische Tendenz? Darüber streiten sich die Philosophen, seit es Philosophie gibt. Denker der griechischen Antike glaubten, dass die Geschichte in Zyklen verläuft, die immer wiederkehren. Marx und Engels waren überzeugt, mit der Methode des dialektischen Materialismus die Gesetzmäßigkeit hinter der Geschichte erkannt zu haben. Karl Popper warnte vor historischem Determinismus und erklärte, die Zukunft sei stets offen. Möglicherweise ist mein Glaube an den Fortschritt nur eine Illusion, die mir hilft, nicht an der Welt zu verzweifeln. Allerdings ist der Fortschritt im Laufe meiner Lebenszeit eine messbare Tatsache – trotz einiger Rückschläge. Im vergangenen Dreivierteljahrhundert entkamen mehr Menschen aus Armut, Unbildung und Unfreiheit als je zuvor in der Geschichte. Trotz Klimaerwärmung sank die Zahl der Toten durch Naturkatastrophen auf einen Bruchteil der Opferzahlen, die Mitte des 20. Jahrhunderts durch Dürren, Stürme, Überschwemmungen und andere Wetterdesaster verursacht wurden. Bis zu Putins Überfall auf die Ukraine sank sogar die Zahl der Kriegstoten, obwohl die Zahl bewaffneter Konflikte weltweit nicht abnahm.

So wie wir über den Aberglauben vergangener Zeiten den Kopf schütteln, werden die Menschen der Zukunft über manches lächeln, was wir heute als sicheres Wissen betrachten. Womöglich wird es bereits euch so gehen, wenn ihr einmal alt seid. Man muss gar nicht weit zurückblicken, um zu sehen, wie schnell sich der Stand der Erkenntnisse verändern kann. Zu meinen Lebzeiten starben Theorien und allgemein geglaubte Hypothesen erwiesen sich als falsch. Die Annahme, dass wir heute den Gipfel des möglichen Wissens erreicht hätten, ist naiv – doch leider weit verbreitet. Deswegen sollte man sich immer fragen, was ist, wenn die vorherrschende Sichtweise falsch liegt? Niemand muss zu allem eine felsenfeste Meinung haben.

Was die Redefreiheit in den westlichen Demokratien angeht, bin ich nicht sicher, ob man von Fortschritt sprechen kann – oder ob die Geschichte gerade den Rückwärtsgang eingelegt hat. Alte Verbote und Reglementierungen sind gefallen, aber neue hinzugekommen. Viele Menschen sind vorsichtiger geworden in dem, was sie sagen. Fröhlicher Tabubruch, freche Provokation und schwarzer Humor lösen kein Gelächter mehr aus, sondern Empörung und moralischen Furor. In den 2010er-Jahren lernte ich, dass eine starke Zivilgesellschaft kein Garant für Freiheit ist. Wenn die öffentlichen Empörungswellen immer einschüchternder werden, können sie ein genormtes Denken erzeugen und Kritiker zum Verstummen bringen, wie man es aus Diktaturen kennt. Die Social Media wirken dabei als Katalysator.

Fast die Hälfte der Befragten antwortete 2022 bei einer Umfrage des Allensbach-Instituts für Demoskopie, man könne seine Meinung nicht frei äußern. Dass so viele dieses Gefühl haben, kann kaum daran liegen, dass die Regierung Kritiker unterdrückt und verfolgt. Niemand muss in Deutschland Angst haben, dass morgens um vier die Geheimpolizei bei ihm klingelt. Wir leben in einer gefestigten Demokratie. Anders als in früheren Zeiten werden die

Grenzen nicht mehr von der Obrigkeit gezogen. Die Bürger untereinander gönnen sich immer weniger Freiheit. Ein artikulationsstarkes Milieu aus Kultur-, Bildungs- und Medienberufen setzt dabei die Standards. »Nicht das Proletariat erweist sich am Ende des 20. Jahrhunderts als siegreiche Klasse«, schrieb der Soziologe Michael Rutschky einmal, »sondern die Boheme.«

In diesem Kulturkampf um das Sagbare spielt es keine Rolle, ob eine Behauptung sachlich richtig oder falsch ist. Es geht um Gut gegen Böse, um die moralische Lufthoheit. Es blühen Denunziation und vorauseilender Gehorsam. Viele verspüren das Bedürfnis, zur guten, tadellosen Mehrheit zu gehören und dies möglichst oft zu beteuern. Symptome, die einer offenen Gesellschaft nicht würdig sind. »Falls Freiheit überhaupt etwas bedeutet«, schrieb George Orwell, »dann bedeutet sie das Recht darauf, den Leuten das zu sagen, was sie nicht hören wollen.« Ich wünsche euch und mir, dass es kein Zurück hinter diese Freiheit geben wird.

Euer Papa

PS: Schreibt doch mal auf, wie ihr glaubt, dass sich die Themen meiner Briefe entwickelt haben werden, wenn ihr einmal so alt sein werdet wie ich heute.

Dank

Ich danke Ellen Daniel, die als Erstleserin vieles verbesserte, mich ermutigte und Ideen beisteuerte, die dem Buch guttaten, Dr. Wolfgang Ferchl, der mir mit Rat zur Seite stand, den Duktus der Briefe justierte und den Titel erfand, Claudia Bernhardt für die schöne Gestaltung und Verleger Klaus Bittermann für den schnellen Entschluss, die Briefe zu veröffentlichen.

Aus der Reihe Critica Diabolis

21. Hannah Arendt, Nach Auschwitz, 13.- Euro
45. Bittermann (Hg.), Serbien muss sterbien, 14.- Euro
65. Guy Debord, Gesellschaft des Spektakels, 20.- Euro
171. Harry Rowohlt, Ralf Sotscheck, In Schlucken-zwei-Spechte, 15.- Euro
223. Mark Fisher, Gespenster meines Lebens, 20.- Euro
225. Eike Geisel, Die Wiedergutwerdung der Deutschen, 24.- Euro
246. Mark Fisher, Das Seltsame und das Gespenstische, 18.- Euro
253. Wolfgang Pohrt, Werke Bd. 10, Kapitalismus Forever & Texte, 22.- Euro
254. Wolfgang Pohrt, Werke Bd. 3, Honoré de Balzac, 2. Aufl., 18.- Euro
260. Wolfgang Pohrt, Werke Bd. 5.1, Zeitgeist & Texte 85-86, ca. 26.- Euro
261. Wolfgang Pohrt, Werke Bd. 5.2, Hauch von Nerz & Texte 87-89, 26.-
262. Wolfgang Pohrt, Werke Bd. 4, Kreisverkehr & Texte 82-84, 30.- Euro
268. Wolfgang Pohrt, Werke Bd. 1, Theorie des Gebrauchswerts u.a., 32.-
271. Eike Geisel, Die Gleichschaltung der Erinnerung, Essays, 26.- Euro
272. Mark Fisher, k-punk, Nachgelassene Schriften (2004-2016), 34.- Euro
277. Iris Dankemeyer, Erotik des Ohrs. Adorno, 30.- Euro
278. Wolfgang Pohrt, Werke Bd. 6, Massenbewusstsein BRD 1990, 30.-
282. Wolfgang Pohrt, Werke Bd. 8.1, Harte Zeiten & Texte, 26.- Euro
284. Caroline Fourest, Generation Beleidigt, 18.- Euro
286. Ingo Müller, Furchtbare Juristen, erweiterte Neuausgabe, 24.- Euro
287. Wolfgang Pohrt, Werke Bd. 8.2, Brothers in Crime, 26.- Euro
289. Stefan Gärtner, Terrorsprache. Wörterbuch des Unmenschen, 14.-
291. Wiglaf Droste, Chaos, Glück und Höllenfahrten, Autobiographie, 24.-
292. Hallische Jahrbücher#1, Die Untiefen des Postkolonialismus, 24.- Euro
294. Wolfgang Pohrt, Werke Bd. 9, FAQ & Ergänzungstexte, 26.- Euro
295. Léon Poliakov, Vom Hass zum Genozid. Das 3. Reich und die Juden, 34.-
297. Walter Benn Michaels, Der Trubel um Diversität, 24.- Euro
298. Pascal Bruckner, Ein nahezu perfekter Täter, 26.- Euro
301. Klaus Bittermann, Unruhestifter Wolfgang Pohrt, Biographie, 32.- Euro
304. Uli Krug, Krankheit als Kränkung in pandemischen Zeiten, 16.- Euro
307. Hans Zippert, Wie Hitler mir das Leben rettete, 18.- Euro
310. Valentine Faure, Als ich aufstand, nahm ich das Gewehr, 22.- Euro
311. Ingo Elbe u.a., Probleme des Antirassismus, 34.- Euro
312. Laure Adler, Die Reisende der Nacht. Über das Altern, ca. 30.- Euro
313. Wolfgang Pohrt, Werke Bd. 11, Briefe & Mails 1976–2016, 38.- Euro
314. Charles King, Odessa. Leben und Tod in einer Stadt der Träume, 32.-
315. Stefan Gärtner, Tote und Tattoo, Kritik der Dummheit, 24.- Euro
316. Funny van Dannen, Angst vor Gott. Neue Geschichten, 22.- Euro
317. Wiglaf Droste, Vollbad im Gesinnungsschaum. Sprachkritik, 22.- Euro
318. Vojin Saša Vukadinović, Rassismus für Einsteiger, ca. 20.- Euro
319. Matthew Beaumont, The Walker. Die Stadt und die Moderne, 34.-
320. Michael Miersch, Einmal Freiheit und zurück, 28.- Euro
321. John Sanford, Die Menschen vom Himmel. Roman, 30.- Euro
322. Julie Burchill, Willkommen bei den Woke-Tribunalen, 34.- Euro
323. Ahlrich Meyer, Der Bann der Unglaubwürdigkeit. Essays, 30.-Euro
324. Meyer Levin, Auf der Suche in aufgewühlten Zeiten, ca. 38.- Euro
325. Andreas Stahl u.a. (Hg.), Gesichter des politischen Islam, ca. 30.- Euro

http://www.edition-tiamat.de